나이 듦의 기술

KB193071

SEISHINKAIGA OSHIERU 50SAIKARANO JINSEIWO TANOSHIMU ROGOJUTSU

by Takashi Hosaka

Copyright ©2011 Takashi Hosaka

All rights reserved.

Original Japanese edition published by DAIWASHOBO CO., LTD.

Korean translation copyright ©2019 by Sangsang Publishing Co.

This Korean edition published by arrangement with DAIWASHOBO CO., LTD.

through HonnoKizuna, Inc., Tokyo, and Shinwon Agency Co.

나이 듦의 기술

단단하지만 홀가분하게 중년 이후를 준비한다

호사카 다카시 지음 | 황혜숙 옮김

상상출판

인생에서 가장 빛나는 시간을 위한 준비는 '지금'부터

"요즘이 지금까지의 삶 중에 최고의 시간입니다."

미국의 39대 대통령을 지낸 지미 카터가 70세를 맞아 한 말이다. 대통령이었을 때보다 더 나은 인생을 보낼 수 있는 시간, 노후는 원래 그런 시간이어야 한다. 카터는 대통령직에서 물러난 후에도 대외적으로 왕성하게 활동하였다. 냉전 후 야기되는 분쟁의 조정 역할을 맡거나 국제 해비타트의 '사랑의 집 짓기' 운동에 참여하는 등 세계 평화를 위한 활동을 펼쳐 2002년 노벨 평화상까지 받았다.

인생이 참으로 길어졌다. 인생 80세 시대에서 이제는 90세, 100세 시대라는 말도 낯설지가 않다. 과거에 비해 사람들이 풍요로운 식생활을 즐기고 의료 수준도 높아진 덕인지 60, 70대는 여전히 기운이 넘친다. 요즘은 노후가 인생의 '덤'이나 '여백'

이 아니라, 인생에서 가장 즐겁게 살 수 있고 자신의 귀중한 가치를 발휘하는 소중한 시간이 되었다. 그러나 아직도 자신의 노후가 쓸쓸하고 허전할 것이라고 전망하고 노후에 대한 불안이나 두려움을 떨치지 못하는 사람이 많은 이유는 무엇일까?

내가 있는 정신과 진료실에는 살아갈 목적을 잃고 우울증에 걸린 사람, 도박 혹은 알코올 중독자, 노후의 외로움으로 정신질환을 앓는 환자 또는 그 예비군이 적지 않게 방문한다. 이렇듯 노후를 지루해하거나 우울하게 지내는 사람이 있는 반면, 적극적으로 즐기는 사람이 있다. 심화된 사회 불평등은 노후의 삶의 방식에도 영향을 끼쳐 '쓸쓸한 노후'와 '즐거운 노후'의 격차가 점점 심해지는 것 같다. 하지만 무엇보다도 노후의 삶의 방식에 차이를 주는 요인은 생활 조건이나 환경보다는, 삶을 받아들이는 태도나 노후에 대한 사고방식 등 개개인의 마음가짐이라고 생각한다.

최근 저출산, 1인 가구 증가 등의 현상이 늘고 있다. 가족의 형태는 계속해서 바뀌어 앞으로 부부 두 사람 혹은 혼자만의 노후가 당연해질 것이다. 그러므로 생기 넘치고 즐거운 노후를 보내기 위해서는 나이가 들어도 자신이 한 사람의 인간이라는 자각을 잃지 않고 매일을 소중하게 여기며 살아가려는 마음가짐이 필요하다. 그리고 그 이상으로 필요한 것은 하루하루를 마음껏 최선을 다해 즐기려는 긍정적인 자세이다. 사실 긍정적이다 못해 약간 태평한 정도가 딱 좋다고 생각한다. 그런 자세가 몸에 배려면 50대에 접어들면서부터 서서히 인생의 궤도를 전환해야 한다.

50대는 성인으로서의 삶의 반환점이나 마찬가지이다. 보통 60세 전후에 정년퇴직을 하는 추세이니 50대에 들어서면 슬슬 '이후의 삶'을 그려봐야 한다. 이때부터는 앞으로 남은 시간에 경제적으로 윤택하게 사는 방법보다 건강한 몸과 마음으로 인생을 즐기며 지내는 방법에 신경을 쓰는 것이 좋다.

여전히 한창 때의 몸과 마음인 듯해도 노화는 도둑처럼 발소리도 없이 한 걸음 한 걸음 다가온다. 정년퇴직을 맞거나 손주가 태어나는 등의 '사건'으로 노후를 의식하기 시작한 다음부터 생활 습관을 갑자기 바꾸려고 해본들 그렇게 간단한 문제가 아니다.

오래 건강히 살기 위해 성인이 된 이후 정기적으로 건강 검진을 받거나 생활 습관을 점검하듯 인생의 후반기를 향한 마음가짐도 50대에 들어서는 때부터 천천히 바꾸지 않으면 본격적인 노후를 맞이할 때까지 습관처럼 자리 잡기 어렵다. 위에서 '50대'라고 했지만 50대는 어디까지나 참고 기준이다. 50대 이상은 물론, 40대라도 문득 '언제까지나 젊은 것은 아니구나'라는 생각이 들면 노후의 문턱이 가까워졌다는 증거이다. 그때부터 조금씩 노후를 염두에 두며 거기에 대비한 삶의 방식을 준비하고 익혀나가자. 그렇게 하면 본격적으로 노후를 맞이했을 때 당황하거나 허무하지 않을 것이다.

이 책에서는 인생 후반을 활력 있고 즐겁게 보내기 위해 발상을 전환하는 방식이나 생활 습관을 들이는 방법을 구체적으로 소개하고자 했다. 이것은 노후를 앞둔 중년이나 이미 노년기에 접어든 사람들에게도 도움이 되고, 당장이라도 활용할 수 있는 유용한 정보라고 생각한다.

'성인' 인생의 절반을 차지하는 노후의 시간. 나답게, 오래 잘 살기 위해 이 책에서 소개하는 방법을 하나둘이라도 실행해 준다면 저자로서 그 이상의 기쁨은 없을 것이다.

호사카 다카시

목차

1장 내일이 즐거워지는 마음가짐
몇 살이 되어도 나답게 즐기며 산다

2장 인생의 버팀목이 되는 취미와 공부
즐기고 배우면 인생이 충실해진다

3장 부담 없이 산뜻한 인간관계
인생 후반, 교제의 기본은 담백함이다

4장 마음을 흩뜨리지 않는 삶의 방식
과감히 버려야 인생이 풍요로워진다

5장 일상에서 실천할 수 있는 건강 관리
건강한 몸과 마음이 인생의 자산이다

6장 바로 지금부터 행복해지는 방법
있는 그대로의 인생을 긍정한다

1장

매일이 즐거워지는
마음가짐

몇 살이 되어도 나답게 즐기며 산다

주름이 생기지 않는 마음,
희망에 넘치는 친절한 마음과
늘 명랑하고 경건한 마음을 잃지 않고
꾸준히 갖는 것이야말로
노년을 극복하는 힘이다.

-토머스 베일리

지금까지의
삶의 방식을 돌아보라

50대에 접어들어도 마음은 아직 젊은 것 같다. 그러나 흰머리가 보기 싫어 염색하거나 신문을 읽을 때 돋보기를 꼭 써야만 하는 등 노화의 그림자가 어른거리기 시작한다.

또 자식들이 더 이상 '품 안의 자식'이 아니라고 여겨지거나 상사가 정년퇴직하는 모습을 보면서 '노후의 삶'을 맞이할 날이 가까이 와 있다는 것을 실감하게 된다. 친구들과 수다를 떨 때도, 직장 동료들과 대화할 때도 '퇴직하면…'이라든지 '노후에는…'이라는 식의 이야기를 실제로도 많이 한다.

이때 대부분의 사람들이 "더 나이가 들면 유유자적하게 살고 싶어요." 혹은 "퇴직 후에는 그저 마음 편히 살 생각이에요."라는 말을 하곤 한다.

하지만 그저 유유자적하며 살기에 우리의 노후는 너무나

길다. 20대부터 일하기 시작했다고 치면 50세까지 거의 30년이 걸린다. 우리 인생이 대략 80년이라고 생각하면 **노후의 시간은 어른이 된 후부터 지금까지의 인생과 거의 같은 길이의 시간이 남아있는 셈이다.**

그러나 인생의 후반은 ∟서 언덕길을 오르기만 했던 인생의 전반과는 전혀 다르다. 오르기 바빴던 그 언덕길을 내려가는 시기이기 때문이다. 그 길에는, '노화'라는 피하고만 싶은 현실이 기다리고 있기도 하다.

인생의 반환점에 선 지금, 이러한 사실을 의식하고 전과는 다른 삶을 모색할 필요가 있다. 요즘은 취미도, 건강 관리도 소홀히 하지 않는 '젊은 노인'들을 종종 볼 수 있다. 직장 일이나 육아 등에서 오는 중압감에서 비로소 해방되어 정신적인 여유가 생긴 덕분이다. 어쩌면 50세 무렵부터의 시간은 인생에 처음으로 찾아온, 자유롭게 즐기기만 하면 되는 시기라고 할 수 있다.

주름살 너머에는 젊은이들이 상상하는 것 이상으로 많은 행복이 있다.

문학 평론가 로건 피어솔 스미스도 이렇게 말했다.
젊은 사람들을 보고 부럽다고 생각한 적이 있는가? 그런

1장 매일이 즐거워지는 마음가짐

마음은 접어두어도 좋다. 앞으로는 젊었을 때부터 꿈꿔왔던 자유롭고 즐거운 인생이 시작된다!

이번에는 젊은 사람들이 부러워할 만한 나날을 보낼 차례이다. 하지만 그런 신나는 노후를 실현하기 위해서는 50세 무렵부터, 즉 인생의 반환점을 도는 때부터 차차 가치관을 바꿔나가야 한다. 먼저 지금까지 삶을 돌아본다. 그런 후 자기다운 삶의 방식이 무엇인지 생각해보고 그 방향으로 나아가야 할 것이다.

무슨 일이든 준비 없이 좋은 결과를 기대하기는 어렵다. **아무런 준비도 없이 막연히 노후를 맞이하면 틀림없이 그 시간은 쓸쓸해진다.**

구체적으로
원하는 모습을 그려라

사람들에게 '노후에 걱정스럽거나 불안한 일은 무엇인가?' 라고 물어보면 많은 이들이 '자신의 건강', 그다음으로는 '가족의 건강' '노후 자금'의 순으로 대답을 한다. '나이가 들어 기력이 쇠하면 어쩌지?' '아플 때 의료비나 요양비는 어떻게 감당할까?' 등의 걱정으로 노후를 어둡게 전망한다.

그러나 실제로 주변 사람들에게 슬쩍 물어보면 '노후에도 계속 일을 하고 싶다'든지 '취미를 즐기며 살고 싶다' 혹은 '무언가 보람 있는 일을 하면서 살고 싶다'는 사람들이 의외로 많다. 물론 걱정만 하는 것보다 낫겠으나 막연히 무언가 '하고 싶다'는 마음만 갖고 노후를 맞이하는 것 또한 무책임하다. 이러한 생각은 너무 애매해서 노후에 대해 깊이 생각했다고 할 수는 없다.

1장 매일이 즐거워지는 마음가짐

노후가 올 때까지 아직은 시간이 있다고 생각하는 50대와 노후가 코앞으로 다가온 60대 전후는 절실함에 차이가 있을 것이다. 하지만 인생을 한줄기 강물처럼 흘러간다고 여기고 되는대로 노후를 맞이하면 자신도 모르는 사이 노후라는 망망대해에서 정처 없이 표류하게 된다.

40대라면 몰라도 50대가 되면 노후에 '유유자적하고 싶다' 혹은 '보람 있는 일을 하고 싶다'는 막연한 생각에서 한 걸음 나아가 좀 더 구체적으로 노후의 이미지를 그리기 시작해야 한다.

즐겁지 않으면
살아있는 의미가 없다

에도시대 유학자 가이바라 에키켄은 여러 편의 저서를 남겼다. 그중에서도 일본 건강서의 시초 격인 《양생훈》으로 유명하다.

에키켄은 70세에 은퇴한 후부터 본격적으로 작가 일을 시작했다. 85세로 사망하기 전까지 무려 30여 권의 책을 썼고 그 대부분은 명저가 되었다. 특히 《악훈》은 81세에 쓴 책이며 8권에 이르는 대작 《양생훈》은 84세 때의 작품이다.

에키켄은 무병장수하기 위해 지켜야 할 내용을 담고 있는 《양생훈》의 작가라는 점 때문에 금욕하는 삶을 엄격히 주장했을 것만 같다. 하지만 그는 '즐겁지 않으면 살아있는 의미가 없다'는 철학을 갖고 있었다. 의외로 철저한 '쾌락주의자'였다.

에키켄은 《악훈》에서 3권에 걸쳐 인생을 즐기는 의의와 방법을 설명한다.

사람의 마음속에 원래부터 즐거움이 있고…

즐거움인즉, 사람이 타고난 하늘의 섭리니. 즐기지 않고 하늘의 도리를 등져서는 안 된다.

에키켄의 말대로라면 사람은 이 세상에 즐기기 위해 태어났으며, 고로 즐기지 않는 것은 이 세상의 도리에 어긋나는 일이다. 어쩐지 속이 시원할 정도로 유쾌한 말이 아닐 수 없다.

또한 에키켄은 '늘 내가 살아있음을 마음속으로 조용히 기뻐하고 싶다. 이런 경지는 노후가 되어야 알 수 있는 것'이라고 밝히기도 했다. 그의 말로 미루어 보건대 **노후는 마음속에 즐거움을 가득 안고 사는, 그런 시기이다.**

에키켄은 아내 도켄과 악기 연주라는 공통의 취미를 즐기며 노년을 보냈다고 한다. 연회가 열리면 그가 비파, 아내가 거문고로 합주를 하여 분위기를 돋우기도 했다니 이 얼마나 멋진 일인가? 뿐만 아니라 에키켄이 쓴 원고를 도켄이 읽고서 퇴고하거나 함께 전국 각지로 온천 여행을 가는 등 그야말로 이상적인 노후를 보냈다.

오래 살아야 할 인생이다. 이왕이면 에키켄 부부처럼 노후를 제대로 즐기고 누리면 좋지 않을까?

'Kill time'은
곧 'Kill myself'

일과 삶의 균형을 뜻하는 '워라밸'이라는 말과는 거리가 멀게, 중·장년층의 대부분은 직장 생활을 시작하고부터 줄곧 일만 하고 살아왔다. 그래서인지 정년퇴직 이후에는 더 이상 일을 하지 않아도 된다는 사실에 기대를 품는다. 지금 당장은 회사 일이나 집안일 등에 치여 '놀면서 지내는 삶'이 부럽게 느껴지는 것이다. 그러나 막상 일손을 놓으면 유유자적하는 생활이 마냥 즐겁지만은 않다. 오히려 그런 시간이 고역이 될 수도 있다.

예를 들어 오래간만에 장기 휴가를 갔을 때를 떠올려보자. 아무런 걱정 없이 푹 쉬면서 '아, 천국이 따로 없네'라고 여기는 것은 처음 며칠뿐이다. 쌓인 피로가 점차 풀리면 얼마 안

가서는 따분해서 견딜 수가 없고 잠시 미룬 일거리나 부하 직원이 계속 머릿속을 맴돌곤 하지 않던가?

"엄마도 좀 쉬고 싶어!"라며 집안일을 가족들에게 떠맡기고 모처럼 여행을 떠난 가정주부는 어떨까? 막상 여행지에서 쉬기는커녕 집에 있는 가족이 걱정돼서 "별일 없어? 오늘은 뭐 먹었니?"라며 연신 전화를 한다.

황금 연휴를 빈둥빈둥 보내고서 '내가 봐도 나태하기 짝이 없네'라며 은근히 자책감에 빠지는 사람도 있다.

노후에는 이런 날이 '쭉' 이어진다. 대체로 오랫동안 계속해 왔던 일을 그만둔 시기라 허무함도 한층 심하게 밀려온다.

인간은 언제나 삶의 목적을 가지고 자기 의지대로 살아가기를 원하는 존재다. 그래서 딱히 해야 할 일이 없는 노후의 일상은 한창 일하던 시절 상상했던 '천국 같은 매일'과는 조금 다르다. 퇴직 후, 매일 무료하게 지내다 보면 점점 기력도 떨어지고 우울증에 걸리고 마는 사례도 많다. '유유자적'만으로는 기력을 유지하거나 삶에 활기를 찾기 어렵다.

멍하니 시간을 때우면서 지내는 것을 영어로 'Kill time'이라고 한다. 이 말은 그야말로 근사한 표현이다. 'Kill time'을 하고 있는 동안 망가지는 것은 다름 아닌 자기 자신이다. 그러므로 'Kill time'이 'Kill myself'가 되지 않도록 명심하자.

1장 매일이 즐거워지는 마음가짐

별것 아닌 일도
재미있어하는 습관을 들이자

'Kill time'이 'Kill myself'가 되지 않도록 하는 방법 중 하나는 별것 아닌 일, 너무나 당연하게 지나치는 일에 잠시 발걸음을 멈추고 재미있어하는 것이다.

어릴 때는 하루하루 가슴 두근거리는 일이 얼마나 많았던가? 그저 특이한 모양의 구름을 발견하거나, 외발자전거를 탈 수 있게 되기만 해도 재미있었다.

그러나 머리가 굵어지면서 학교에서는 시험공부에 쫓기고, 사회에 진출해서는 늘 경쟁에서 이겨야 한다고 등 떠밀려왔다. 어느새 가슴 두근거리는 일은 사라지고, 지금은 무엇을 봐도 설레는 일이 별로 없다. 그런 감정이 습관처럼 완전히 자리 잡아서 웬만한 일로는 자극이 되지 않는다. 어지간한 일로는 감격하지도 않는다.

이런 조짐이 보이면 서둘러 마음을 재정비하자. 모든 사물에는 긍정적인 면과 부정적인 면이 공존한다. '늙어 감'도 마찬가지다. 늙어가면서 더 깊어지는 것이 있는가 하면 쇠약해지는 것도 있다. 나이를 먹어가면서 쇠약해지는 것 중 하나가 마음의 유연성이나 변화에 대처할 수 있는 능력이다.

무엇 하나 재미없는 세상을 재미있게 살아내는 것은 마음먹기에 달렸다.

일본 에도시대 말기의 무사 다카스기 신사쿠가 남긴 말이다. 이렇게 유연하고 소탈한 사고방식은 나이를 먹고 나서 갑자기 갖기는 어렵다. 하지만 슬슬 노화를 의식하기 시작하는 50대라면 아직 늦지 않았다. 지금부터라도 별것 아닌 일을 재미있어하는 습관을 들이자.

예를 들면 텔레비전 단어 퀴즈 프로그램을 보며 마음속으로 참여해보는 것도 도움이 된다. 이러한 단어 놀이는 그 자체도 재미있을 뿐만 아니라, 하다 보면 사물을 재미있게 바라보는 관점도 만들어주어 뇌 훈련의 효과도 있다.

평상시에
유머 감각을 기르자

노후가 가까워지면 유머 감각을 꼭 기르도록 하자. 유머는 마음의 여유와 지성을 바탕으로 생긴다. 이 두 가지를 갖추지 못하면 유머러스한 말을 하기는커녕 그런 말을 들어도 이해하지 못한다.

나는 정신과를 찾아오는 환자에게 일부러 농담을 할 때가 있다. 만약 환자가 조금이라도 웃어준다면 그렇게까지 심각한 상태가 아니다. 그러나 **농담을 듣고도 아무 반응이 없다면 확실히 문제가 있는 경우가 많다.** 이렇듯 유머를 수용하는 정도가 증상의 정도를 판단하는 기준이 되기도 한다.

유머 감각이 타고나는 것이라고 생각해서는 안 된다. 유머 감각은 자신이 처한 상황을 어떻게 받아들이고, 표현하는지와 관련이 있다. 이는 평상시 마음먹기에 따라 달라진다.

영국의 정치가이자 인문주의자인 토머스 모어는 헨리 8세의 무모한 정치에 반대했다는 이유로 1535년 단두대에서 처형되었다. 죽기 직전 모어는 사형 집행인에게 "나는 목이 짧으니 잘 쳐야 할 걸세. 적시에 끈을 제대로 당겨 자네의 솜씨를 보여줄 때라네."라고 전했다고 한다. 그는 평소에도 "주여, 저에게 유머 감각과 농담을 이해하는 지혜를 주소서."라는 기도를 했다. 팍팍한 삶을 견디게 하는 유머의 힘을, 모어도 알고 있었나 보다.

'아내의 점심 식사는 셀러브리티, 나는 셀프서비스'. 이는 일본에서 유행한 농담인데, 아내는 셀러브리티, 즉 유명 인사처럼 먹고 자신은 셀프서비스로 손수 차려 먹는다는 뜻을 담고 있다. 서글픈(?) 남편의 심정을 대변한 말이라고 할 수 있다.

이런 농담은 곧이곧대로 받아들이면 화나고 우울한 일을 웃음으로 전환시킨다. '아재 농담'도 나쁘지 않다. 출퇴근길, SNS 최신 유머를 찾아보거나 텔레비전 예능 프로그램을 시청하면서 유머 감각을 길러보자.

'사는 보람'을 찾으려고
애쓰지 않는다

동료들이 전하는 부모님의 근황을 듣다 보면 요즘 '사는 보람'에 열을 올리는 노인들이 늘고 있는 것 같다.

"저희 아버지는 70세가 훌쩍 넘었지만 아직 건강하세요. 동네 유적지에서 안내 자원봉사를 하고 있어서 매일 관광객을 상대로 바쁜 일과를 보내십니다. 중국인 관광객이 많이 늘었다며, 얼마 전부터 중국어 공부도 시작하셨더라고요."

"저희 어머니는 제가 졸업한 대학에 입학해서 심리학 공부를 하고 계세요. 심리 상담사 자격을 따겠다고 열심이셔서 저도 뭔가 해야 할 것 같은 기분이 들 정도랍니다."

텔레비전이나 신문, 잡지에서도 이런 훌륭한 노인들의 이야기를 자주 다룬다. 삶의 보람을 찾아 노후를 충실히 보내는 사람들의 이야기를 들으면 머리가 저절로 숙여진다. 그래서인지 노후에 반드시 어떤 공부를 시작하거나 자원봉사를 해야 한다고 믿고 무리하게 그쪽으로 몰아가는 사람도 늘고 있다. 이들은 '사는 보람'이란 누가 보아도 훌륭하다고 감탄할 일을 해야만 느낄 수 있는 것이라 믿는다. 그런 보람을 찾다가 뜻대로 되지 않으면 "퇴직하고 벌써 1년이나 지났는데 사는 보람을 찾지 못해 불안해 죽겠다." "뭔가 해야 할 것 같은데 아무것도 찾을 수 없는 나 자신이 한심하다."라고 점점 자신을 몰아세워 마음의 안정을 잃고 마는 경우도 있다. 심지어 우울증에 걸리거나 도박이나 음주에 빠지는 사람도 적지 않다.

대체 '사는 보람'이란 무엇일까? 별다른 게 아니다. 살아가는 데 의욕을 주고, 살아있기를 잘했다고 생각하게 만드는 것이다. 스스로에게 의욕을 불러일으키는 일이 있다면 그게 무엇이든 '사는 보람'인 셈이다.

집을 잘 정돈하고, 가끔 배우자와 자신을 위해 정성스럽게 요리를 만든다. 결혼한 자식이 손주를 데리고 놀러오면 천진난만한 손주와의 한순간에 마음이 충만해진다. 이런 일상에 스스로 만족한다면 그것으로 제대로 '사는 보람'이 있는 삶이라고 할 수 있지 않을까?

모두가 '훌륭하네'라고 칭송하는 일을 해야만 사는 보람이 있다는 생각은 근본적으로 잘못되었다. 그런 착각에 빠져있으면 노후가 짐스럽게 느껴질 것이다. 만약 아는 사람이 노후에 새로운 분야를 공부한다거나 지역 사회를 위한 활동을 시작했다는 말을 들어도 초조할 이유는 없다. 다른 사람이 어떤 일을 하는지 신경 쓰다가 정작 자신의 '삶의 보람'을 놓칠 수 있기 때문이다. 누구나 다 넘치는 에너지로 새로운 삶에 도전해야 노후의 보람을 느끼는 것은 아니다. 자신만의 사소한 기쁨도 노후를 보람 있게 만들기 충분하다.

매일 밤 스트레스를
해소할 도구를 찾는다

선배 중에 '매일 밤 마시는 한두 잔의 술이 사는 보람이다'라는 사람이 있다. 한창 일할 때는 '일생을 의료에 바치겠다'는 말을 입버릇처럼 했고, 퇴직하면 지방에 내려가 방문 진료에 헌신하겠다는 포부를 밝혔다. 그런데 아내가 그만 치매에 걸리고 말았다. 그는 자식들에게 부담을 주고 싶지 않다며 아내의 병 수발을 자처했다.

지금도 아내의 간병을 도맡고 있는데 삶의 즐거움이 필요해서 매일 밤, 아내가 잠들고 난 후에 좋아하는 술을 마신다고 한다. 아내를 돌보는 일과 한두 잔의 술, 이 두 가지가 지금 그에게 인생 최고의 보람이라고 한다.

선배는 자신의 건강을 위해, 그리고 아내가 갑자기 깨는 경우를 대비해 술은 작은 술잔으로 한두 잔 정도로 제한하고 있다. 이는 애주가였던 그에게 상당히 절제한 양이라고 생각한다. 적게 먹는 대신 질 좋은 술을 고른다. 곁들이는 안주도 통신 판매를 이용해서 전국 각지의 맛있는 음식을 즐기고 있다고 한다.

그가 한창때 즐겼던 사교를 위한 술자리나 상사에 대한 불만을 털어놓았던 술자리와는 사뭇 다를 것이다. 자작하는 이른바 '혼술'이지만, 병 수발하면서 누리는 잠깐의 휴식이지만, 걱정 없이 마시는 술은 은근히 맛있다며 선배는 싱글벙글한다.

오랫동안 바라온 꿈이 깨진 데다가 매일 아내를 간병하는 일이 힘에 부칠 수 있다. 그러나 그는 매일 밤 자기 나름의 방법으로 스트레스를 잘 해소하고 있다. 술잔을 기울이며 '오늘 하루도 무사히 지났네'라며 마음속 깊이 감사한다고 한다. 자칫하면 우울하게 술을 마실 법도 하다. 그러나 감사하는 마음이 있기에 한두 잔의 술에 '사는 보람'을 느끼는 것이 아닐까?

어떤 상황에서든 마음먹기에 따라 아무리 사소한 일이라도 사는 보람이 될 수 있음을 보여주는 좋은 예가 아닐까 싶다.

내가 점점 좋아지는
간단한 비결

'결국 제일 어여쁜 건 나 자신이다'라고들 하지만, 내가 일하는 정신과에는 자신을 지나치게 부정하는 사람들이 많이 찾아온다.

진료를 받으러 오는 사람에게 "자기 자신을 좋아하십니까?"라고 물으면 "말도 안 돼요. 저는 외모도 별로고, 머리도 나빠요. 잘난 구석이 하나 없는데 어떻게 좋아하겠어요?"라고 대답한다.

하지만 지금까지 어떻게든 살아왔으니 '이런 건 나의 장점이야'하고 자기 자신도 인정하는 부분이 반드시 하나쯤 있을 것이다.

인생을 50년 정도 살다 보면 다른 건 몰라도 자기 자신에 대해서는 어느 정도 알게 된다. 아무리 높은 곳만 바라본들

자기가 그런 이상적인 모습에 미치지 못한다는 사실은 누구보다 스스로 제일 잘 알지 않을까? 이상이나 바람에 닿지 못하더라도 앞으로도 그런 '나'와 함께 남은 인생을 잘 헤쳐 나가야 한다.

그렇다면 자기 부정으로 치닫지 말고, '있는 그대로'의 자신을 좋아한다고 당당히 말할 수 있는 사람이 되어보자. 외모도 능력도 별로고, 어디 하나 크게 잘난 곳이 없어도 적어도 자기만큼은 그런 스스로를 좋아해줄 수 있어야 한다.

이런 일에 서툴다면 아침에 일어나거나 밤에 자기 전에 스스로를 칭찬해주는 일을 일과로 삼아보자. '내가 봐도 이런 점은 썩 괜찮은 것 같아'라고 생각했던 부분을 크게 칭찬하는 것이다.

가령 빼어난 미인이라고는 할 수 없지만 뽀얀 피부에 자신이 있다고 해보자. 그러면 매일 아침 거울을 보면서 "피부가 참 희고 곱네. 하긴, 화장품 매장 직원도 인정하는걸."이라고 말해본다.

비상한 능력은 없어도 끝까지 포기하지 않는 근성만큼은 누구에게도 지지 않을 자신이 있다고 해보자. 그러면 "오늘도 늦게까지 최선을 다했네. 내가 생각해도 자랑스러워."라고 자기를 칭찬한다.

이때 마음속으로만 말고 소리 내어 말해보자. 말에는 마음을 움직이는 힘이 있다. 특히 같은 말이라도 직접 소리를 내는 입말은 효과가 더 좋다. '말이 씨가 된다'는 속담도 있지 않은가.

자신을 칭찬하는 습관이 몸에 배면 점점 자기 자신이 좋아진다. 있는 그대로의 나를 좋아하면 서서히 늙어가는 자신의 모습까지도 순순하게 받아들일 수 있을 것이다.

스스로를 아주 좋아한다고 자신 있게 말할 수 있는 사람에게는 은은한 석양이 비추듯 행복감으로 충만한 노후가 기다리고 있다.

하루에 하나,
새로운 발견이 노화를 막는다

일상에서는 그다지 큰 변화가 일어나지 않는 듯 느껴져서 하루하루가 똑같아 보인다. 그래도 일을 하다 보면 늘 무언가에 쫓기듯 바쁘고, 자식을 키우다 보면 아이의 성장과 함께 예상치도 못했던 일이 일어나기도 한다. '만사형통'이라고는 해도 매일 소소한 일들이 벌어진다.

그러나 노후에는 그런 일도 거의 없고 평온하다면 평온한 나날이 이어진다. 더더욱 변화가 없는 생활이 지루할지도 모른다. 또한 무언가에 마음이 동할 때가 적어지고, 생기도 잃어간다. 이런 단계가 지나면 어느새 우울에 가까운, 멍한 상태가 되는 경우도 드물지 않다.

50세 무렵부터는 평범한 일상이라도 지루해하지 않고 잘 지낼 수 있는 훈련을 시작하면 좋다. 훈련이라고 해서 거창한 것은 아니다. '하루에 하나의 발견'을 하자고 마음먹는 것만으로 충분하다. 여기서 발견이란 '새로운 일이나 대상과의 만남'을 뜻한다.

나이를 먹어도 새로운 만남은 두근두근 마음을 자극한다. 그 두근거림, 설렘이 마음을 활성화해서 우울증 따위가 끼어들 틈을 주지 않는다.

"아무리 그래도 매일 같은 행동을 반복하는데 새로운 발견 따위 있을 리가 없어."라고 단정 짓는 사람도 있을 것이다. 하지만 그렇기 때문에 '하루에 새로운 발견 하나'를 찾으려는 노력이 더욱 의미가 있다.

예를 들어 장을 보다가 새로 출시된 과자가 눈에 띄면 즉시 맛본다. 이런 것이 하루의 발견이다. 서점에서 평소에 거들떠보지도 않던 잡지를 그 자리에서 단숨에 읽어본다. 이것도 하나의 발견이다. 젊은 여성들로 가득 찬 네일숍에 들어가서 과감한 금박 무늬가 들어간 네일아트를 받는다. '나이 먹어 가지고…'라는 말로 스스로에게 족쇄를 채워서는 안 된다. 반짝반짝 빛나는 손가락 끝. 이 또한 새로운 발견이다.

이렇게 하루에 하나씩 발견하는 습관을 들여나가면 더 나이가 들기 전에 감수성이 무뎌지거나 기력이 떨어지는 것에 제동을 걸 수 있다. 새로운 발견에 집중하다 보면 지금까지

해보지 않은 일에도 적극적으로 도전하게 된다.

하루에 새로운 것을 하나씩 발견하는 습관을 들이면 결과적으로 자신의 관심 영역이 넓어진다. 인생은 그만큼 점점 재미있어지고 즐거운 일이 차례차례 일어난다.

일기를 쓰면
생활의 질이 달라진다

바로 엊그제가 설날인가 싶더니 어느새 개나리 소식이 들려오는 계절이 되었다는 사실에 놀란 적은 없는가. "딱히 뭐하는 일도 없는데 눈 깜짝할 사이에 세월이 흘러가버려요. 왠지 시간에 뒤처지는 느낌이 들어요."라며 한탄하는 사람도 있다. **이렇게 시간의 흐름이 너무 빠르다고 느끼는 것도 우울의 원인이 될 수 있다.**

젊을 때는 하루가 짧고 1년은 길다. 나이가 들면 1년은 짧고 하루가 길다.

영국의 철학자 프랜시스 베이컨은 이런 말을 남겼다. 중세 시대 사람들도 젊은 시절과 나이 든 후의 시간의 흐름을 다르게 느꼈던 것 같다.

프랑스 철학자 폴 자네는 이런 말을 남겼다.

10세 아이에게 1년은 인생의 10분의 1이며, 50세 성인에게 1년은 인생의 50분의 1이다.

똑같은 1년이라도 10세 어린아이의 1년과 50세 성인의 1년은 다르다. 나이를 먹을수록 시간이 빠른 속도로 지나가는 듯해 1년이 짧게 느껴진다는 말이다. **세월의 흐름이 점점 빠르게 느껴지는 현상을 조금이라도 늦추고 싶다면 하루하루 생활의 질을 높여야 한다.**

생활의 질을 높이는 방법으로 '일기 쓰기'가 있다. 특히 "매일 특별히 이렇다 할 만한 일도 없고, 사는 낙도 없다." "사는 게 무기력해서 죽겠다."는 사람에게 일기 쓰기를 적극적으로 권한다.

거창하고 멋진 일기장을 준비하지 않아도 된다. 언젠가 기념품으로 받은 수첩이나 몇 천 원짜리 메모장으로 충분하다. 글쓰기를 좋아하는 사람은 대학 노트 같은 데 쓰고 싶은 만큼 쓰면 된다.

밤에 잠들기 전 일기장을 꺼내 하루를 되돌아본다. 그러면

정말 쓸 말이 없는 날은 단 하루도 없다는 사실을 깨닫게 된다. 작은 일일지라도 매일 무언가 일어나고 사람이나 사물과의 새로운 만남도 있다.

'지병으로 고생하던 Y씨와 오랜만에 전화 통화를 했다. 다행히 컨디션은 상당히 좋은 것 같았다. 워낙 긍정맨이니 회복도 틀림없이 빠를 것이다.'

'독서로 하루를 마무리했다. 오늘도 완전히 몰두해서 읽었다. 요즘 읽는 책은 올해 최고의 베스트셀러라는 평이 아깝지가 않다.'

'이제 곧 정당 개편이 실시된다. 조금 더 경기가 좋아지면 좋겠다.'

이처럼 쓸 것이 아무것도 없는 날은 없다. 만약 하루 종일 잠을 잤다면 그건 그것대로 괜찮으니 '계속 잠을 잤다'고 쓰면 된다. 정 쓸 게 없는 날에는 텔레비전에서 본 뉴스라도 남기면 된다. 나중에 읽어봤을 때 그날을 추억하게 해주는 것은 마찬가지이다.

간단한 메모 정도라도 괜찮다. 길든 짧든 일기를 쓰는 습관은 생활의 질을 틀림없이 높여주고 하루하루를 알찬 시간으로 바꿔준다.

매일 좋은 일이 많아지는
'마법의 일기'

　일기를 쓰는 습관을 살려 매일 좋은 일, 즐거운 일만 생기게 하는 방법도 있다. 솔직히 나이가 들어 좋은 일이 일어나면 얼마나 일어나겠는가? 50세가 넘으면 기억력이 둔화되기 시작하고 가까운 사람의 이름이 갑자기 떠오르지 않을 때가 있다. 체력도 현저히 저하되어 젊은 시절에는 쉽게 할 수 있었던 일이 힘에 부치기도 한다.

　집안 분위기는 어떤가? 눈에 넣어도 아프지 않을 듯 귀엽기만 했던 자식이 그새 자라서 부모로서 나설 일이 별로 없게 된다. 좀 더 시간이 지나면 부모를 간병하다 지쳐서 저도 모르게 한숨을 쉬는 자식의 모습을 보게 되는 날도 있을 것이다.

　이렇게 답답한 일상을 좋은 일이 가득한 날로 바꿔주는 묘책이 바로 '마법의 일기'다. 방법은 아주 간단하다. 무조건 일기 첫 줄에 '오늘은 좋은 날이었다'라고 써버리면 그만이다.

인간은 자기 암시에 약한 동물이다. '오늘은 좋은 날이었다'라고 쓰기 시작하면 그날에는 정말로 좋은 일이 있었던 것처럼 느껴지기 시작한다. 흥미롭지 않은가?

'취업 준비 중인 아들과 대화했다. 힘든 상황이야 이해하지만 깊이 생각 않고 닥치는 대로 지원하는 것 같다. 도대체 무슨 일을 하고 싶은지 알 수가 없다. 결국에는 아들과 언쟁을 하고 말았다.'

이런 날에도 '오늘은 좋은 날이었다'라고 일기 첫머리를 시작해보자. 그러면 일기의 내용이 이렇게 바뀔지도 모른다.

'오늘은 좋은 날이었다. 요즘 통 아들과 말을 하지 않았는데, 허심탄회하게 속마음을 털어놓았기 때문이다. 아이도 제딴에는 열심히 취업 준비를 하고 있었다. 어느새 훌쩍 큰 아들 녀석이 대견한 마음도 들었다.'

별다른 일이 없는 평범한 하루였더라도 '오늘은 좋은 하루였다'라고 쓰면 아무 탈 없이 보내는 하루가 얼마나 감사한 일인지 깨달을 수 있다.

이렇게 계속 쓰다 보면 사고방식이 긍정적으로 변해간다. 그리고 지루하던 일상이 나름 충실하게 느껴지기도 한다.

젊어 보이는 것에
연연하지 말라

요즘은 실제 나이를 들으면 놀랄 정도로 젊어 보이는 사람이 많다. 일본에는 '곱하기 0.8 시대'라는 말이 있다. 실제 나이에 0.8을 곱한 나이가 현대 노인들의 외모나 건강 상태를 나타낸다고 한다. 예를 들어 80세 노인의 외모나 건강은 실제 나이 80세에 0.8을 곱한 64세 정도의 상태를 나타낸다. 그만큼 요즘 노인들이 젊고 건강하다는 뜻이다.

자기 스스로도 실제보다 더 젊다고 생각하는 사람도 많다. 특히 여성들 중에는 실제로는 70대라도 스스로 '50대 정도'라는 자의식이 강한 사람이 적지 않다. 이처럼 실제 나이와 자각 나이의 차는 점점 벌어지고 있다.

나이에 연연하지 않고 몸도 마음도 젊게 사는 것은 바람직한 일이다. 하지만 무슨 일이든 도가 지나치면 문제가 생긴다는 사실도 잊어서는 안 된다. 혹 젊음에 집착해서 무리하게 애쓰고 있지 않는가?

노화는 자연 현상이다. 그런데 언제까지나 '젊고 싶다'고 스스로를 내몰다 보면 점점 자신도 힘들어지고, 그 결과 주변을 힘들게 하는 문제 행동을 일으키기도 한다.

소위 '폭주暴走 노인'이 그 전형적인 예다. 이들은 젊은이들의 조그만 돌출 행위에 화를 내거나 가게 점원의 사소한 실수에도 얼굴을 붉히며 트집을 부리곤 한다. 이런 행동의 바탕에는 젊은이를 향한 질투와 젊은 세대를 얕잡아 보는 시선이 깔려있다.

딱 붙는 청바지에 화려한 자수를 새긴 점퍼. 뒤에서 보면 나이를 가늠할 수 없는 젊은 옷차림의 노인이나, '딸 옷을 빌려 입고 나온 건 아닐까?' 생각될 정도로 민망하게 멋 내기를 즐기는 노인도 있다. 하지만 직언을 하자면, **젊게 보이려는 것도 적당히 해야지, 과하면 오히려 나이 듦을 부각시킬 수 있다는 사실을 기억했으면 한다.**

나이에 걸맞는 혹은 나이보다 약간 젊어 보이는 차림이 적당하다. 이 정도가 누구에게나 호감을 줄 수 있다.

안티에이징보다
'빛나는 노화'

젊게 보이려는 사람들보다 더 염려가 되는 사람들이 있다. 바로 젊음에 연연한 나머지 지나치게 스트레스를 받는 사람들이다.

사회적으로 안티에이징이 큰 유행이다. 이런 현상의 뒤에는 '안티에이징 강박증'이라고 부를 만한 정신적인 장애를 앓는 사람들이 많다. 유명 연예인이 쓴다는 기능성 화장품을 사거나 피부 관리실에 다니는 정도는 아직 증상이 심하지 않다고 볼 수 있다.

아무리 고가의 화장품을 써도 노화를 완전히 막을 수는 없기 때문에 최후에는 성형 수술로 치닫는다. 주름을 없애거나 처진 곳을 꿰매기도 하고, 지방 흡입으로 군살을 떼어낸다. 그러나 시간이 지나면 노화는 다시 엄습해오고 그러면 또다시 성형을 한다. 악순환이 거듭된다. 이러한 모습은 정신적인 균형이 깨져서 발생한다고 분석할 수 있다. **항상 젊게 보이고 싶다는 바람이 강한 이유는 노화를 부정적으로 생각한다는 증거이다.**

노화는 감춰야 하는 추한 것이 아니다. 나이를 먹어야 비로소 풍기는 중후함도 있고 축적된 인생 경험에서 비롯되는 노련미도 있다.

일본의 에도시대에는 '사광死光'이라는 말이 있었다. 나이가 들어 은은하게 빛이 나는 인생을 사는 사람에게 '사광'이 깃들었다고 했다. 수명이 길어진 요즘이야말로 '빛나는 노화'를 더욱 긍정하고 자연스럽게 여겨야 하는 시대가 아닐까? 흰머리에 주름이 있어도 구태여 감추지 말고 적당히 생기 있는 표정과 몸가짐을 하는 편이 훨씬 멋져 보인다.

미성숙한 젊음으로 한창 무르익은 시기를 포장하면 아깝지 않은가? 긍정적으로, 차분하게 노화를 받아들이는 자세를 지니면 좋겠다.

행복에 가까워지는
인생철학

일본 오사카에는 '살아있는 것만으로도 횡재'라는 말이 있다. 오사카 사람들은 울적하거나 기운이 꺾였을 때 '살아있는 것만으로도 횡재'라고 크게 외친다고 한다.

건강히 살아있으면 더 이상 바랄 것이 없다. 이러한 생각을 지니고 살면 노후에 대한 불안도 말끔히 사라진다.

의사라는 직업 특성상 사람들의 죽음을 대할 때가 있다. 내가 접한 죽음에는 태어난 지 얼마 안 된 어린 생명도 있고 인생의 꽃을 피우지 못하고 진 젊은 생명도 있었다. 그런 죽음을 바라보면 괴롭고 숙연해지는 한편 살아있는 것만으로도 마음속 깊이 감사의 마음이 솟아난다.

아침에 잠에서 깬다. 오늘도 아무 일 없이 눈뜰 수 있었으니 신에게 감사한다. 하루가 저물면 오늘 하루도 무사히 살 수 있었으니 횡재라며 감사한다.

소설가 와타나베 준이치는 저서 《행복의 달인》에서 이렇게 밝혔다.

술을 마시거나 식사를 한 후에 화장실에 가서 소변을 본다. 그때 하얀 변기에 닿는 소변 줄기를 보면서 '행복하다'고 혼자 중얼거릴 때가 있다. 그리고 내가 제대로 소변을 볼 수 있게 한 나의 신장과 방광, 요도에게 '고마워'라고 속삭인다.

전직 의사 출신이기도 한 그는 소변이 나오는 것은 당연한 일이 아니라, 신체의 여러 기관이 각자의 역할을 열심히 해준 결과라는 사실을 잘 알고 있었을 것이다. '소변을 보는 일'에도 행복을 느끼는 와타나베를 보며 참으로 '행복의 달인'이라고 감탄하게 된다.

이렇게 일상의 일에서도 행복을 느낄 수 있는 사람은 그렇지 않은 사람보다 뇌의 활동이 활발하다는 사실이 과학적으로 증명되기도 했다.

우리가 '감사하다' '만족스럽다' '기분이 좋다' '행복하다'고 느끼면 '행복 물질'이라 불리는 화학물질 아난다마이드 *anandamide*가 많이 분비된다.

1장 매일이 즐거워지는 마음가짐

아난다마이드는 대뇌의 전두엽을 자극해서 그 움직임을 최고 수준으로 높인다. 전두엽은 뇌의 관제탑이라고 할 만한 부분인데, 이곳이 활발히 움직이기 시작하면 대뇌 신피질 또한 풀가동한다. 그 결과 사고 능력이 활성화해서 창조력이 좋아진다. 긍정적인 정신 상태는 교감신경을 자극하여 의욕이 생기게 하는 호르몬 노르아드레날린noradrenalin도 많이 분비된다. **무탈히 살아있어서 감사하다는 생각이야말로 스트레스 없는 행복의 나날로 이끄는 열쇠다.**

인생에서 행복과 불행은 서로 등을 마주하고 있다. 눈곱만큼도 그늘이 없는, 완벽하게 행복한 인생 같은 건 존재하지 않는다. 하지만 '살아있는 것만으로도 횡재'를 인생철학으로 삼으면 매일매일 100%에 가까운 행복을 느끼며 활기차게 살아갈 수 있지 않을까?

2장

인생의 버팀목이
되는 취미와 공부

즐기고 배우면 인생이 충실해진다

아무리 나이를 먹었다고 해도
배울 수 있을 만큼은 충분히 젊다.

-아이스킬로스

노후가 지닌
가능성을 믿어보라

독일의 문학가 괴테는 이런 말을 남겼다.

나이를 먹는다는 것은 이미 새로운 일이 시작되었다는 뜻이다.

괴테는 82년이라는 긴 생애 동안 여러 일을 했다. 젊었을 때는 법률가로 일하며 자연 과학과 연금술 연구에 몰두하는 한편 시와 소설도 썼다. 인생의 후반기가 되어서야 문학을 외길로 삼았다.

현대인들도 괴테 못지않게 많은 일을 한다. 회사나 관공서에 근무하면 50대는 아직 일할 나이이다. 일은 좀처럼 줄지 않고 부하 직원도 양성해야 하며 높은 직급상 책임도 무겁다.

조직에 완전히 틀어박혀 정말 하고 싶은 일은 손도 대지 못한다. 야근 후 귀가하는 지하철 안에서 '내 인생, 이대로 괜찮은가?'라는 생각이 문득 들 때가 있다.

또 전업주부로 지내거나, 아니면 워킹맘으로 직장 일과 육아까지 도맡아온 여성들이 50대 무렵에는 자녀들도 성장해서 점차 독립할 준비를 한다. 자녀들이 언제까지나 부모를 의지해도 곤란하겠지만 둥지를 떠날 채비를 하는 자녀들의 모습을 보면 때때로 밀려오는 쓸쓸함은 어쩔 수 없다.

이러한 상태로 노후를 맞이하면 허무함은 한층 더 심해진다. 자녀들이 대학 입학, 취업, 결혼 등의 이유로 독립한 후에 썰렁해진 집안을 돌아보며 상실감을 느끼거나 이제껏 몸을 던져 일해온 직장에서 정년퇴직을 한 후에는 그동안 누적된 피로감으로 무기력해진다. 심하면 노후 우울증이 찾아오기도 한다.

허무함에서 벗어나 기운을 찾으려면 노후의 새로운 목표나 삶의 보람이 필요하다. 그렇다면 노후에는 '정말 하고 싶은 일'을 해보면 어떨까? 생업 때문에 미뤘던 공부나 취미 등 무엇이든 좋다. **'나이 든 이제 와서 새로 시작할 수 있을까?' 라는 걱정은 접어두자.**

인생을 80년, 아니 90년까지 내다본다면 50세 이후는 막 성인이 되고서부터 지금까지보다 더 긴 시간이 남아있기 때

2장 인생의 버팀목이 되는 취미와 공부

문이다. 정년퇴직 후 노후에 주어지는 시간이 어느 정도인지는 다음과 같은 계산을 통해 짐작해볼 수 있다.

어떤 사람이 24세부터 정년인 60세까지 주 5일, 하루 8시간 일을 했다면 36년간 총 7만 4,880시간을 일했다는 계산이 나온다. 그런데 정년퇴직 후 대략 80세까지 산다고 했을 때, 하루 24시간에서 생활시간을 뺀 자유 시간을 12시간이라고 친다면 퇴직 후의 시간은 8만 7,600시간으로 계산할 수 있다. 현역으로 일한 시간보다 퇴직 후 더 많은 시간이 주어지는 셈이다.

앞서 언급했던 괴테의 말은 이어진다. '모든 사정은 변한다. 그러므로 환경에 순응하며 가만있든지 새로운 역할을 적극적으로 찾아보든지 어느 쪽이든 선택할 수밖에 없다'.

이 말을 요즘 노후의 삶에 적용해보면, '노후는 지금까지와는 사정이 다르다. 그러므로 시간이 흘러가는 대로 그냥 있든지 아니면 노후라는 새로운 인생을 살겠다고 자각하든지 어느 쪽이든 선택할 수밖에 없다'고 바꾸어 말할 수 있다.

노후가 지닌 가능성은 생각보다 대단하다. 나이 들었다고 무언가 시작하려는 마음까지 포기할지 새로운 인생을 개척할지 택하는 것은 물론 당신의 자유이다. 이는 50세 전후에 앞으로의 인생을 얼마나 신중하고 정확하게 직시하느냐에 달려 있기도 하다.

노후에
꽃을 피운 사람들

일본의 에도시대 사람들은 노후를 고대하면서 살았다. 나이가 들면 가업을 자손에게 물려준 후 세상사를 잊고 편안하게 살아가는 것이 가장 이상적인 노후라고 여겼다.

당시 젊은 사람들은 가업을 잇는 것이 숙명이었고, 결혼을 할 때에도 부모가 정해주는 배우자를 받아들여야만 했다. 젊은 시절에는 하고 싶은 대로 사는 삶, 자신이 원하는 대로 사는 삶을 선택하기란 매우 어려운 일이었다.

가업을 지켜야 하는 책임에서 벗어난 후에 비로소 하고 싶은 대로 살 수 있는 노후는 그야말로 인생의 황금기였다. 남편이 은퇴하면 안살림을 도맡았던 아내 역시 모든 권한을 며느리에게 물려주고 집안일에서 자유로워졌다.

하지만 아무것도 하지 않고 시간을 보낸 것은 아니다. 새

2장 인생의 버팀목이 되는 취미와 공부

로운 지식이나 교양을 쌓거나 풍부한 인생 경험을 바탕으로 젊은이들에게 '백과사전' 같은 존재가 될 수 있도록 부단히 노력했다. 이러한 자세는 요즘의 우리도 본받을 만하다. 또 관심 있던 일이나 좋아하는 일을 노후에 시작하기도 했다.

노후에 좋아하는 일을 시작해 후세에 길이 남을 위업을 달성한 사람 중에는 보측, 즉 걸음의 수로 거리를 측량해 일본 전국 지도를 완성한 이노우 타다타카가 유명하다.

타다타카는 50세에 접어들어서야 본격적으로 천문학 공부를 시작했다. 어릴 때부터 천문학에 관심이 많았지만 그전까지는 17세에 양자로 들어간 이노우가의 양조업을 일으켜 세우는 데에만 전념했다.

가업을 일으키는 데 성공하고 양자로서 책임을 다한 타다타카는 49세에 가업을 장남에게 물려주고 드디어 제2의 인생을 걷기 시작한다. 타다타카의 스승 다카하시 요시도키도 처음에는 타다타카의 천문학 입문을 그저 나이 든 사람의 취미 생활 정도로 가볍게 생각했다고 한다. 하지만 밤낮을 가리지 않고 공부하는 '늙은 제자'의 모습에 크게 감복했다.

타다타카는 55세에 일본전국지도 제작을 목표로 걷기 시작해서 71세에 모든 측량을 마쳤다. 그는 17년 동안 총 10회에 걸쳐 지구 한 바퀴에 해당하는 거리를 걸었다. 이러한 집

념의 결과로, 그가 죽은 지 3년 후에 일본 최초의 실측 지도 '대일본연해여지전도'가 완성된다. 이 지도는 오늘날에도 탁월한 정확성으로 잘 알려져 있다,

앞 장에서 가이바라 에키켄은 은퇴 후 70세부터 작가 일을 시작했다고 했다. 또 한 사람, 간자와 도코우도 40세에 하급 무사 일을 은퇴한 후 작가가 되었다. 그는 76세 되던 해에 쓴 《할미꽃》 원고를 큰 화재로 잃었다. 권당 450장, 전 6권에 이르는 대작이었다. 놀랍게도 그 후 3년에 걸쳐 다시 써 완성했다. 나이가 들어서도 엄청난 체력과 기력이 아닐 수 없다.

노후에 들어서 하고 싶던 일을 처음 시작하고 나아가 뛰어난 성과를 이룬 사례는 이렇듯 다양하다. 노후에 꽃을 피운 선배들의 이야기를 통해 나이가 들어서 하고 싶은 일이나 관심 있던 일에 도전해도 늦지 않다는 사실을 배울 수 있다.

2장 인생의 버팀목이 되는 취미와 공부

'당분간', '언젠가는'은 금지어

직장에서 동료들과 가끔 정년퇴직 후 노후를 어떻게 보낼 것인지 이야기를 나눌 때가 있다. 하나같이 "당분간 푹 쉬고 싶어." "언젠가는 쉬고 싶어."라는 말로 대화를 끝맺는 경우가 많다. 오랜 세월 바쁘게 일에 쫓겨왔으니 그 마음도 충분히 이해한다. 모처럼 주어진 여유를 즐기고 잠시 쉬고 싶을 것이다. 하지만 이 '당분간'이나 '언젠가는'은 위험한 말이라는 사실을 기억해두자.

인간은 자신이 처한 환경에 지극히 익숙해지기 쉬워서 '당분간 푹'이라고 생각하다 보면 자신도 모르는 사이에 '언제까지나 뒹굴거리는 생활'을 하게 되고 만다. '당분간 푹' 쉰다며 딱히 재미도 없는 텔레비전이나 보며 지내다가 문득 지루해지거나 무엇을 해야 할지 안절부절못하는 순간이 오지만, 이것도 처음 얼마간이다. 어느새 지루한 생활에 익숙해지고, 불현듯 다시 정신을 차리고 보면 하고 싶었던 일 따위 아무래도 상관없게 되어 버린다. 빈둥빈둥 지내는 동안 무얼 하고자 하는 기력조차 잃고 마는 경우도 많다.

이런 상태가 지속되다 보면 뇌는 점점 활성을 잃어간다. 퇴직한 지 시간이 꽤 지났는데 별달리 뭔가를 하려고 하지 않는다. 삶의 의욕도 사라진다. 보다 못한 가족들이 "뭐라도 좀 해보지 그래요?"라고 등을 떠밀어도 "그다지 하고 싶은 것도 없고…."라며 멍한 표정으로 대답한다. 그대로 놔두면 무기력은 점점 더 심해질 것이고 최악의 경우에는 우울증이나 치매에 걸릴 수도 있다.

그렇다고 무작정 다른 일을 시작하라는 것은 아니다. '푹' 쉬려다 '멍'하니 지내지 않도록 몇 가지 안전장치를 마련해두면 좋겠다.

2장 인생의 버팀목이 되는 취미와 공부

퇴직 후의 휴식기를
미리 정해두라

오랫동안 일, 또 일에 매달려 악착같이 살아왔다. 퇴직 후 "한동안은 그 무엇에도 쫓기지 않고 쉬고 싶어."라는 심정, 충분히 이해한다. 그렇다면 휴식기를 미리 정해두기를 권한다. 반년이나 1년 등으로. 이렇게 기간을 한정해두면 정년퇴직 후의 생활이 나태해지는 것을 방지할 수 있다.

이 기간 동안 호화 여객선을 타고 세계 크루즈 여행을 즐기는 계획을 세워도 더할 나위 없이 좋겠다. 물론 크루즈 여행은 비용이 만만치 않아서 누구나 하기는 어렵지만 말이다.

요즘에는 퇴직 후에 반년 정도 남미나 아프리카를 일주하러 떠나는 사람들도 있다. 개조한 군용 트럭을 타고 이동하는 이 여행은 마찬가지로 꽤 큰돈이 들지만, 크루즈 여행에 비하면 상대적으로 저렴하다.

얼마 전 텔레비전에서 방영한 남미 일주 여행 다큐멘터리를 본 적이 있다. 20여 명의 참가자는 나이, 성별, 출신 국가는 물론 참가 동기도 가지가지였다. 특히 참가자 중에 정년퇴직자들이 몇 명 있어 흥미로웠다. 한 사람은 67세의 호주 남성이고, 다른 한 사람은 정년퇴직을 눈앞에 둔, 막 60대에 접어든 남성이었다. 소방관인 그는 아내와 동행했다.

호주인 참가자는 지병인 심장병을 앓고 있어서 여행 전 의사의 여행 허가서를 얻어 참가했다고 했다. 이 남성은 산을 등반하는 도중에 호흡 곤란으로 인공호흡기를 달아야만 하는 순간도 몇 번이나 있었다. 그렇지만 그는 "이번 여행을 통해 아직 나에게도 무언가 해낼 수 있는 체력과 기력이 있다는 사실을 확인하고 싶었다."라고 밝혔다. 제2의 인생에서 성취감을 느낄 만한 경험을 하고 싶었던 것 같다.

일정하게 기간을 정해둔 휴식기 동안에는 지금까지와 완전히 다르게 살아보면 어떨까? 일이나 가정에 매여 있느라 지금껏 할 수 없었던 일들을 시도해보는 것이다.

모처럼 마음껏 자유롭게 시간을 활용할 수 있게 되었으니 여행을 떠나도 좋다. 짧은 일정의 여행도 괜찮지만 현지인이 된 듯한 기분을 느낄 수 있는, 한 곳에 오래 머무르는 여행을 추천한다. 휴식기 이전에는 일이 바빠서 시도할 엄두도 내지 못했을 테니 말이다. 여행 스타일을 바꿔보면 색다른 경험도 할 수 있다. 우연히 들른 여행지가 제2의 고향이 될지, 여행지에서 만난 현지인 친구가 남은 인생의 막역지우가 될지 누가 알겠는가?

나의 지인은 정년퇴직을 하고서 전부터 가고 싶었던 작은 섬에 집을 빌려 반년째 지내고 있다. 퇴직 후 휴식기를 '1년'으로 한정한 그는 이 시간을 인생 후반의 전환점으로 삼고 있다. 지인은 아내에게도 같이 가자고 제안했으나 아내가 거절해 혼자 생활하고 있다. 그에게 독거 생활이 적적하지 않느냐고 물었다. 그는 아내와 떨어져 살다 보니 아내의 소중함을 새삼 깨닫게 되었고 앞으로 두 사람의 노후를 재조명하는 기회가 되어 의미가 있다고 한다.

이렇게 휴식기를 정해두면 퇴직 전과 후가 좀 더 분명히 나뉜다. 휴식기는 새로운 노후 생활의 발판이 될 것이다. 실제로 오랜 직장 생활로 만성 피로에 시달렸던 지인은 섬 생활을 시작한 후부터는 종종 활기찬 소식을 전해오곤 한다.

젊은 시절 좋아했던
취미를 떠올려보라

"무엇이 하고 싶은지 나도 모르겠어요. 특별히 좋아하는 것
도 없고요…."

우울증 증상을 보이는 사람에게 "취미를 가져보면 어떤가
요?"라고 권했을 때 이렇게 말하면서 고개를 젓는 사람이 적
지 않다.

"운동은 어떠세요?"라고 물으면 운동 신경이 없다고 한다.
장기나 바둑을 추천하면 "장기는 젬병이고, 바둑은 규칙도 몰
라요."라고 대답한다. "병원 대기실에서 책을 열심히 읽으시
던데 그럼 독서는 좋아하세요?"라고 물어보면 "책을 읽는 것
이 영 싫지는 않지만, 요즘은 눈이 피로해서…."라고 말한다.

내가 묻는 족족 이리저리 못하는 핑계만 대고 더 이상의 대
화는 차단한다. 권하는 것마다 아예 시도하려는 마음조차 내

보이지 않는다. 이는 정신적으로 이미 노화 현상이 시작된 증거라고 말하고 싶다. 미지의 무언가에 끌리는 호기심이나 경험해본 적 없는 것에 달려드는 적극성은 나이를 먹으며 수그러드는 법이기 때문이다.

그렇다면 젊은 시절 겪었던 풍부한 경험들을 돌이켜보고 그중에서 흥미로운 무언가를 끌어내는 것은 어떨까? 지금까지 몇십 년이나 살면서 열중했던 취미나 좋아했던 일이 하나도 없었다고는 말하지 못할 것이다. 영 생각이 안 난다면 학창 시절에 '어떤 특별 활동을 했었지?'하고 떠올려보자. 땀 흘리며 운동장을 가르던 축구부 활동, 문학 청년의 꿈을 키웠던 독서반 활동 등 다시 하고 싶은 일 한 가지쯤은 틀림없이 찾을 수 있다.

우리 동네 꽃 가게 주인 O씨는 몇 년 전부터 밴드 활동에 열심이다. '밴드' 하면 치렁치렁한 긴 머리의 젊은이들을 연상하는 사람도 있겠지만 O씨는 흰머리가 희끗희끗한 환갑 정도의 나이다. 밴드 멤버들도 비슷한 연배라고 한다.

몇 년 전 동네 술집에서 우연히 옛 친구들을 만났는데, 공교롭게도 모두가 고등학교 때 교내 밴드부 활동을 하던 친구들이었다. 학창 시절의 추억을 곱씹다가 그 자리에서 의기투합해 밴드를 재결성하기에 이르렀단다. 개중에는 편도 2시간 가까이 떨어진 곳이 집인 친구도 있었는데 흔쾌히 승낙했다고 한다.

연습은 한 달에 두 번. 짬을 내서 먼 곳에서도 오고 추석과 같은 명절 연휴에는 합숙도 한다. 요즘은 멤버 중 한 사람의 별장에 모여서 맹연습이다. 큰 연주 행사를 앞두고 있어서인데 실은 친구들끼리 모여 성대하게 술 마실 목적이 더 크다고 O씨는 웃었다.

실력이 어떤지는 모르지만, 다들 그 나이가 되어 가슴 뛰게 신나는 무언가를 즐기고 있다는 사실이 정말 부럽다. 젊은 시절을 함께한 친구들과 다시 뜨겁게 교류할 수 있다는 사실은 더 부럽다.

과거에 좋아했던 것을 떠올리다 보면 같은 취미를 공유했던 친구나 동료인 경우도 많다. 그러면 일단 옛 친구들과 재회의 기회를 만들면 어떨까? 패기 가득했던 지난날로 돌아간 듯 떠들다가 넌지시 같이했던 취미 이야기를 꺼내본다. 누구든 "다시 한 번 도전해보고 싶네."라고 말할 것이다.

노후에도 계속할 수 있는
취미를 시작하라

전에 함께 일했던 편집자 N씨에게 이메일이 왔다. 열어보니 그가 피아노를 연주하는 사진이 있어 깜짝 놀랐다. N씨는 취미로 다니는 피아노 학원에서 얼마 전 연주회를 했을 때 찍힌 사진이라고 덧붙였다. 40대인 그는 일과 삶의 균형을 중요하게 생각하는 세대이다. 일할 때는 일에 몰두하는 한편 자기의 삶도 충실히 돌본다.

지금 노후를 눈앞에 둔 세대는 취미를 즐기기는커녕 일에 쫓기는 삶을 당연하게 받아들인다. 정년퇴직을 하고 나서 부랴부랴 취미를 가져보려 해도 갑자기 새로운 일에 도전하는 것이라 낯설고 막막하게 느낀다.

이럴 때는 막연히 '무언가 해보고 싶다'가 아니라, '도예를 배워보자' '목공을 배워 가구를 만들어보고 싶다'와 같이 좀 더 구체적인 아이디어를 떠올리면 좋다. 가장 이상적인 방법은 퇴직하기 전부터 미리 시작해서 퇴직 후에는 계속해나가는 것이다. 쉽게 말해 **퇴직하기 전부터 퇴직 후 생활의 기본 틀을 마련해두면 좋다는 이야기이다.**

본격적으로 시작하지 않더라도 할 일을 구체적으로 마음속으로 정해두는 것만으로도 그와 관련된 책이나 텔레비전 프로그램에 눈이 가고 자연스럽게 관심도 많아진다. 이 또한 하나의 '시작'이라고 할 수 있다.

내게 이러한 조언을 해준 사람은 퇴직을 하고 취미 생활에 흠뻑 빠진 친구였다. 그는 일을 그만두고 불상을 조각하는 취미에 심취해있다. 집에서 차로 1시간 떨어진 산장에 작업실을 마련해 자주 오간다. 친구가 불상 조각에 심취하게 된 것은 순전히 우연이었다. 퇴직하기 전, 무심코 들른 교외의 절에서 본 불상의 오묘한 미소가 이유였다. 정년이 얼마 안 남은 싱숭생숭한 시기였기에 불상의 미소가 그의 마음에 더욱 스며들었는지도 모른다. 그날부터 친구는 전국의 사찰과 관련한 책이나 불상과 관련한 도록을 찾아보기 시작했다. 며칠 후에는 공방에도 등록을 했다. 나무로 불상을 깎는 시간만큼은 잡다한 시름을 잊을 수 있었다. 그러면서 퇴직 후 더 많은 시간이 주어지면 이를 취미로 삼아 즐기겠다는 생각이 들었다고 한다.

2장 인생의 버팀목이 되는 취미와 공부

노후를 맞이하기 전에 취미를 시작하면 좋은 이유가 있다. 나이를 먹을수록 인내력과 꾸준히 분발하려는 지속력이 점점 약해지기 때문이다. 무슨 일이든 시작하면 얼마간은 기초를 다져야 한다. 기초를 익히는 동안은 단순한 연습을 계속해야 하므로 무조건 끈기가 요구된다. 하지만 점점 이 단조로움을 견디지 못한다.

　예를 들어 피아노를 배우려면 처음에는 손가락 익히기나 화음 연주하기 등 단조로운 연습을 반복해야 한다. 이 지루한 과정을 한 살이라도 젊을 때 거쳐 간단하더라도 곡다운 곡을 칠 수 있으면 그 후에는 비로소 취미로 즐길 수 있지 않을까?

　시작하는 것만 잊지 않는다면 사람은 언제든지 젊음을 유지할 수 있다.

　이는 오스트리아 출신의 유대계 독일 철학자 마르틴 부버의 말이다. 무엇이든 첫발을 내딛는 것이 중요하다. 가슴속에 새겨두도록 하자.

전철 타고
도심 속 문화센터에

　문화센터 같은 곳에 다니면서 무언가 배우는 것도 취미 생활을 손쉽게 시작할 수 있는 계기가 된다. 문화센터의 강좌 내용은 생각보다 훨씬 다양해 끌리는 강좌를 선택만 하면 된다.

　한 신문 기사에 따르면 노후에 남성이 문화센터에서 수강하고 싶은 강좌 1위는 텃밭 가꾸기라고 한다. 혼자서는 지루한 '밭 일구기'도 강사와 담소를 나누며 즐길 수 있다는 점, 몸을 움직여 땀을 흘리는 체험을 통해 노동의 가치를 깨달을 수 있다는 점, 덤으로 수확도 할 수 있다는 점이 인기의 이유였다. 2위는 요리. 직접 만든 요리로 가족들을 기쁘게 해주고 싶다는 게 주된 이유였다. 3위는 악기 연주로 제일 인기 있는 악기는 색소폰이라고 한다. 4위가 외국어, 5위는 등산이나 트레킹이었다. 다른 응답으로는 사진 촬영, 유화 그리기, 바둑,

　　　　　　　2장 인생의 버팀목이 되는 취미와 공부

원에 등도 있었다.

얼마 전, 노후의 생활 방식에 대한 기사를 쓰고 있는 한 잡지 기자에게 꽤 흥미로운 이야기를 들었다. 그는 최근 자신이 취재하고 있는 H씨에 대해 이야기를 들려줬다.

H씨는 몇 년 전에 정년퇴직을 했다. 도시 외곽에 사는 그는 일주일에 한 번 도심에 위치한 문화센터에 가서 젊었을 때부터 관심이 있던 중국 고전 강좌를 수강하고 있다.

그 강좌를 듣기 위해 H씨는 전철로 약 1시간 이상을 들여 집과 도심을 오간다. H씨가 사는 지역에도 문화센터가 있다. 더구나 가르치는 강사도 똑같고 강좌의 내용도 유사하다. 그런데도 일부러 도심으로 다닌다. H씨의 이유는 이러하다. "외출하기 위해 옷을 갈아입고, 가방을 챙겨 진철을 다면 시회에 속해 있다는 느낌이 들어요. 또 은퇴를 하고 나니 도심에 갈 일이 거의 없는데 가끔씩 그 분주한 거리가 그리울 때가 있어요. '바쁘게 산다'는 도심 특유의 분위기도요. 동네 문화센터에 가면 영 기분이 나지 않아서…."

덧붙여 그는 전철에 붙어있는 광고를 보거나 번잡한 길거리를 바쁘게 다니는 직장인들의 풍경이 무난한 삶에 자극이 된다고도 했다. H씨는 도심 문화센터 강좌를 듣고 오는 날이면 귀갓길에 대형 서점을 둘러본다. 신간 도서를 휘리릭 넘겨

보다가 마음에 드는 책이 있으면 한두 권을 사서 밤새 읽는다고 했다.

때로는 최신 영화를 보거나 도심의 쇼핑센터를 구경하고 돌아오기도 한다. H씨는 이런 식으로 현역 시절의 감각을 기억하고 긴장감을 유지한다.

이처럼 무언가 배우는 일은 그 자체로도 가치가 있지만 의외의 경로로 생활에 탄력을 준다.

정기적인 일정이 생기면
활기가 생긴다

'퇴직 후에는 매일이 일요일'이라는 말은 한창 일할 무렵에
는 매력적으로 들리곤 한다. 대부분의 사람들이 직장에 다닐
때는 전날 아무리 늦게까지 야근을 해도 예외 없이 다음 날도
정시 출근을 한다. 깜깜한 밤에 귀가해 막 침대에 누웠나 싶
었는데 알람시계 소리에 잠을 깨야 한다. 퇴직 후에는 다르
다. 원하는 시간에 마음대로 일어나도 되고, 매일같이 나가야
하는 일터도 없으니 밖에 비가 오든 바람이 불든 신경 쓸 필
요도 없다.

그러나 "아아, 행복하다. 이런 나날을 얼마나 학수고대했는
지!"라고 말하는 것도 처음 며칠뿐이다. 차츰 시간이 지나면
생활에 탄력이 필요하다는 사실을 깨닫는다.

'매일이 일요일'인 일상을 계속 지내다 보면 어떤 날도 이렇

다 할 만한 특징이 없게 느껴진다. 늘 뚱한 표정의 밋밋한 얼굴과 마주하고 있는 듯한 느낌이 든다.

그러다 보면 시간이 어떻게 흐르는지도 몰라서 오늘이 무슨 요일인지 신문을 보고 확인하거나, 심지어 공휴일인지도 모르는 일이 생긴다. 사는 데 별로 불편함은 없겠지만, **활기가 없는 일상의 반복은 정신 건강에는 마이너스이다.**

그래서 나는 정년을 맞이한 사람에게 "일주일에 한 번이라도 좋으니 무엇이든 정해진 일정을 만들면 좋습니다."라고 권하고 있다. 실현하기 가장 쉬운 방법은 무언가 배우는 것이다. 물론 자원봉사 활동도 좋다.

'매주 ×요일은 ○○에 간다'는 일정이 생기면 그날을 중심으로 일주일의 일정이 정해진다. 그러면 전날에는 '내일은 점심 무렵에 ○○에 가는 날이네. 그럼 돌아오는 길에 미술 전시회라도 보고 와야지'하는 식으로 하루를 어떻게 보낼지 계획할 수 있고 내일을 고대하게 된다. 그 결과 매일이 생기가 돈다. 일주일의 리듬이 생겨나고 가슴이 뛰는 날들이 늘어난다.

일회성 일정으로는 리듬이 생기지 않기 때문에 매주 고정된 정기적인 일정을 추천한다. 다음 주도 또 그 다음 주도 '×요일에는 ○○에 간다'고 생각하는 마음이 가장 중요하다.

'함께하자'는 제의를
거절하지 말자

나이가 들수록 새로운 일이나 취미에 도전할 기회는 적어진다. 사람은 나이가 들면 자신이 아는 범위 안에서 혹은 경험에 비추어 행동하려는 경향이 강해지기 때문이다.

그러니 만약 아는 사람이 무언가를 같이 하자고 제안하면 무조건 거절하지 말고 일단 승낙해볼 일이다. 십인십색, 사람마다 취미도 다양하다. **다른 사람의 제안에 응하고 나면 지금까지 몰랐던 세계를 들여다볼 수 있다. 의외로 그 세계가 자신과 맞아 새로운 세상이 펼쳐질 가능성이 크다.**

나와 함께 일하는 편집자는 취미가 골프인 스포츠우먼이자 독신 여성이다. 그녀가 어느 날은 "이건 비밀인데요…"하고 운을 떼며 벌써 3년 가까이 시 낭송 모임에 나가고 있다고 털어놓았다.

"업무 관계로 신세 진 분이 같이 가자고 했는데, 내키지 않았지만 차마 거절하질 못하겠더라구요." 이것이 시 낭송을 시작한 계기였다고 한다.

이제는 "시를 낭송할 때는 복식 호흡을 하기 때문에 건강에도 좋고 아름다운 시어를 노래하듯 읊다 보면 마음이 치유되는 듯해요."라며 시 낭송의 매력에 완전히 빠졌다. 시 낭송의 가장 큰 매력에 대해 그녀는 이렇게 말하기도 했다.

"무엇보다 모임에 나가면 좋은 것은 70~80대의 여성들이 많다는 점이에요. 모두 건강하고 정말 생기가 넘쳐요. 그분들에게서 제가 오히려 힘을 얻고 있어요."

사실 그녀는 50대에 접어들자마자 갑작스럽게 병에 걸려 반년이나 입원 생활을 한 적이 있다. 지금은 완전히 회복했지만 '혼자 살아야 할 노후에 또 이런 일이 생기면 어떡하나?'라며 때때로 불안할 때가 있었다. 이런 마음의 흔들림이나 일상의 잡념을 시 낭송 모임에서 받은 에너지로 날려버린다고 한다.

우리는 언제, 어떤 계기로 새로운 세계와 만날지 알 수 없다. '함께하자'는 다른 사람의 제안을 단번에 거절하면 그런 기회는 내게 닿기도 전에 사라지고 만다. 심각하게 생각하지 말고 가벼운 마음으로 한번 시도해보자. 의외로 새로운 세상이 기다리고 있을지 누가 알겠는가?

2장 인생의 버팀목이 되는 취미와 공부

퇴직 후에
활동할 모임을 만들라

'젖은 낙엽쉽게 떨어지지 않는 젖은 낙엽처럼 종일 집에 있으면서 집안일도 도와주지 않는 남편을 가리키는 말'이나, '고물'이라고 푸대접을 받던 퇴직 남성들이 요즘에는 변화를 시도하고 있다. 동네 교류센터에서 커뮤니티를 마련하는 남성들이 늘고 있는 것이다.

일본 교토의 예를 들어보겠다. 교토 지역 종합교류센터에는 '남성들의 쉼터'라는 모임이 있다. 이 모임은 일주일에 한번씩 하나의 주제를 정해 의견을 나눈다.

지금까지의 지역 커뮤니티는 주로 여성 중심이어서 남성들은 주 관심 분야인 정치나 경제 등에 관한 대화를 나눌 기회가 별로 없었다. 이러한 점에 착안하여 '남성들의 쉼터'가 발족하게 되었다.

토론의 주제는 그날의 사회자가 정한다. 주제는 정치나 경제 등 시사적인 내용에 한하지 않고 매우 다양하다. '국제 정세에 관해서'라는 주제가 있는가 하면 '좋아하는 전골 요리에 대해' 등의 주제도 있다.

'남성들의 쉼터'에서 토론만 하는 것은 아니다. 모임의 참여자 중 한 분야에 전문적인 지식을 지닌 사람이 직접 강사가 되어 소규모 강좌를 열거나 다른 고장으로 역사 탐방을 가는 등 '남성들의 쉼터'는 날이 갈수록 프로그램 면에서 충실해지고 있다.

한때 유행하던 직장 내 '타 업종 교류 모임'을 발전시켜서 '퇴직 후의 교류 모임'으로 이어가려는 움직임도 있다. 예를 들어 금융 관련 '타 업종 교류 모임'의 멤버들이 퇴직을 하고서도 한 달에 한 번씩 '소주 연구'나 '젊은이들이 자주 찾는 거리의 밤을 파헤치기' 등의 주제로 모이곤 한다.

멤버는 보통 50대가 중심. 정년퇴직을 코앞에 두거나 이미 은퇴한 사람들이, '퇴직 후에도 마음 맞는 사람끼리 모여서 즐겁게 마시고 대화를 나누는 모임을 만들고 싶다'는 바람에서 이러한 형태로 발전했다고 한다.

또 퇴직 후에 입사 동기들끼리만 뭉친 모임도 있다. 가끔 만나 사는 이야기를 나누며 한창 때의 회식처럼 먹고 마신다. 모임의 마무리는 역시 직장 회식 때처럼 노래방일 때가 많다.

2장 인생의 버팀목이 되는 취미와 공부

이 모임의 포인트는 현역으로 일하던 시절, 매일 다니다시피 하던 직장 근처에서 모이는 것이다. 과거 자신들이 자기 집 앞마당처럼 활보했던 곳 말이다.

초기에는 단 두세 사람이라도 좋으니 우선 모임을 만들어 보면 어떨까? 금세 멤버가 늘 것이다. '비슷한 처지의 사람들끼리 교류하는 모임이 있었으면 좋겠다'고 생각하는 사람들은 틀림없이 많을 테니까.

도전 자체만으로
활력을 주는 자격증 취득

  노후에 무엇을 하면 좋을지 감을 잡지 못하는 사람에게 자격증을 취득하거나 검정시험에 도전해볼 것을 권한다. 50대 이전까지는 직장에서의 승진이나 연봉 인상, 자녀의 진학 등을 인생의 과업으로 생각하며 내달려온다. 현역에 있는 동안에는 인생의 계획표에 '이룰 것'들이 착착 쓰여 있기 때문에 그것만 염두에 두고 바쁘게 살면 된다. 그런데 50대 이후, 그러니까 정년 이후의 노후에는 설령 내 뜻대로 되지 않았더라도, 이룰 것들은 거의 이룬 상태고 주어진 시간은 많다. 자칫 허송세월을 보내거나 노후의 여유를 음미하지 못하고 적적하게 여길지도 모른다. 이런 때, '제2의 인생'을 시작한다는 마음으로 새로운 목표를 갖고 그것에 도전하는 것이다.

  얼마 전, 지인을 만날 일이 있었다. 최근 몇 년간 어머니를

            2장 인생의 버팀목이 되는 취미와 공부

간병하느라 자유 시간이 거의 없던, 나이 지긋한 여성분이었다. 남편과는 일찌감치 사별하고 두 자녀는 독립한 지 오래. 아마 노후가 마냥 편안하기보다는 외로움에 못 견딜 날이 많았을 것이었다.

그녀가 최근에 들었다던 칭찬 이야기를 꺼냈다. "누가 비즈 브로치를 선물해줘서 친구들 모임에 달고 나갔더니, 거기 있던 모두에게 어디서 샀냐는 칭찬을 받았어요. 그래서인지 요즘 비즈로 만든 장신구가 예뻐 보이더라고요."

이 말을 듣고 나는 "그럼 비즈 공예 자격증을 따면 어떨까요?"라고 권한 적이 있다. 지인의 노후 생활이 어떨지 헤아려보고 그녀가 두 눈을 반짝이며 하는 이야기에서 힌트를 얻어 제안한 것이다.

"이 나이에 새삼스럽게 자격증 따 봤자…."라고 말하는 사람도 있다. 하지만 그것으로 취업을 하려는 게 목적의 전부는 아니다. **목표를 세우고 그것을 달성하기 위해 도전한다는 것 자체에 의의가 있다.**

생판 처음 접하는 분야의 자격증을 목표로 해도 좋지만 이왕이면 지금까지 하던 일과 관련된 자격증이 도전하기 더 수월하지 않을까? 관련 업무 지식이 있다 보니 자격증 취득이 다른 사람보다 유리할 수 있다. 예를 들어 아파트 관리사무소에서 행정·기술직으로 일했던 사람이나 부동산 관련 일을 했던 사람이 '주택관리사' 자격증을 취득하는 것이다. 주택관리사란 아파트 관리부터 인사, 회계업무를 담당하는 사람으로 아파트 관리사무소장을 떠올리면 된다.

상점에서 판매원으로 일했던 경력이 있다면 '유통관리사' 자격증은 어떤가? 유통관리사란 판매 현장에서 소비자와의 원활한 소통, 소비자 동향 파악 등을 담당하는 유통 전문가이다. 특히 유통관리사 시험은 1급을 제외하면 다른 자격시험에 비해 응시 자격에 제한이 없어서 나이가 있는 퇴직자들도 도전해볼 만하다.

자격증이 있으면 장차 새로운 일자리로 연결될 가능성도 크다. 내가 아는 분의 어머니는 글씨를 예쁘게 잘 써서 평소 사람들의 부러움을 샀다. 그녀는 자식들을 모두 독립시키고 비로소 여유가 생긴 노후를 어떻게 보낼지 고민하던 중 자신의 특기와 조금이나마 연관이 있는 서예를 익혀 서예 지도사 자격증까지 취득했다.

어느 날은 며칠 전 이사 온 이웃이 그녀의 집을 방문하게 되었다. 마침 친구의 어머니가 집에서 붓글씨 연습을 하고 있었는데, 이웃으로부터 "어머, 참 잘 쓰시네요."라고 칭찬을 받았다. 그래서 "서예 지도사 자격증도 갖고 있어요."라고 했더니 그러면 자기가 일하고 있는 문화센터에서 노인들을 대상으로 하는 서예교실을 열어보면 어떻겠냐는 제의를 받았다고 한다. 이렇듯 자격증은 뜻하지 않은 순간에 빛을 발한다. 노후에도 계속 일을 하고 싶다면 그 분야가 무엇이건 자격증을 따 두는 게 가장 좋은 방법일 수 있다.

최근에는 '참치해체사' 자격증이 생겼다고 들었다. 참치해체사는 일본의 '전국참치해체사협회'의 전문가 시험에 합격한 참치 전문가이다. 참치에 관한 지식을 갖추고 있으면서 전용 칼로 능숙하게 참치를 해체할 수 있는 사람에게만 이 자격이 주어진다. 특히 수산시장이나 참치 식당 등 여러 사람들 앞에서 참치를 해체하려면 반드시 자격증을 취득해야 한단다. 무척 흥미로워 보였다. 물론 자격증을 땄다고 해서 반드시 참치를 해체할 기회가 있다고는 할 수 없을 것이다. 하지만 '나는 거대한 참치를 해체할 수 있는 자격이 있어'라는 생각만으로도 얼마나 기분이 좋은가? 그런 활력을 느끼기 위해서라도 자격증 취득에 도전할 만하지 않을까?

결과보다
과정을 즐겨라

좋아하거나 잘하는 무언가가 있는가? 있다면 지금보다 한층 더 공부하여 자격증이나 검정시험에 꼭 도전해보자. 자격증이나 검정시험은 말하자면 한 분야에서 얼마나 '미쳐있는지'의 정도를 겨루는 것이어서 흥미롭고 이색적인 게 많다. 이색 자격증 몇 가지를 소개하면 다음과 같다아래는 한국의 예를 소개했다-편집자 주.

• 종이접기 마스터: 종이접기 전문지식과 숙련기능을 가지고 응용, 창작을 수행할 수 있는 사람에게 부여하는 전문가 자격이다. 종이접기는 누구나 손쉽게 할 수 있고 집중력, 수학 능력 향상에 도움이 되는 놀이활동이라고 알려져 종이접기 마스터에 대한 관심도 꾸준히 계속되고 있다.

- 정리수납전문가: 정리수납전문가란 체계적인 정리수납 기술과 방법을 활용해 생활 공간의 효율을 높여주는 전문가를 말한다. 미국이나 일본 등에서는 이미 잘 알려진 직업이다. 한국에서는 '미니멀라이프' 열풍과 맞물려 자격증 취득이 인기를 끌고 있다. 이 자격을 갖추면 거실이나 베란다 등 주거 공간의 정리뿐만 아니라, 개인 상점 창업 시 공간 계획을 하는 데에도 도움이 된다.

- 실천예절지도사: 예절 전반에 대한 지식과 깊은 이해, 실기 기술을 갖추어 국민들이 예의 생활을 하도록 선도하는 역할을 하는 사람에게 부여하는 자격이다. 자격증을 취득하면 국가와 공공기관에서 진행하는 의전을 주도할 수 있다. 범국민예의생활실천운동본부에서 주관하는 자격시험은 총 3단계로 필기시험, 실기시험, 면접으로 이루어져 있다.

- 반려동물관리사: 동물을 좋아하고 반려동물과 함께 생활하고 있는 사람이라면 주목할 만한 자격이다. 한국반려동물관리협회에서 주관하는데, 반려동물에 대한 정확한 지식을 바탕으로 반려동물의 교육·훈련·위생 관리 등의 업무를 전문적으로 담당할 수 있는 사람에게 부여한다. 인간과 반려동물이 유대감을 느끼며 더욱 쾌적하고 행복하게 살

수 있는 환경을 마련하는 데 도움을 주는 전문가라고 할 수
있다.

한편 일본에는 '정년력 검정'이라는 희한한 자격도 있다. 정
년력 검정이란 정년퇴직 후에 풍요롭고 알찬 제2의 인생을
위해 필요한 최소한의 기초 경제 지식을 확인하는 시험이다.
50대부터 이런 시험에 도전해두면 정년이 닥쳐도 이미 만반
의 준비가 돼있어, "좋아, 정년, 올 테면 와라!"하고 큰소리칠
수 있지 않을까?

많은 사람이 노후를 앞두고부터 치매에 걸릴까봐 걱정한
다. 속만 태우고 아무것도 못 하지 말고 그 시간에 검정시험
에 도전하자. 한자능력검정의 경우 시행하는 기관에 따라 다
르지만 보통 8급부터 1급까지 급수가 나뉘어 있다. 이렇게
급수가 세분화된 검정시험이라면 낮은 급수에서 시작해서 점
차 높은 급수까지 한 단계씩 자격증을 취득할 때마다 희열을
느낄 수 있다.

일전에 고속전철을 타고 갈 때 있었던 일이다. 옆에 앉은
여성이 세계유산에 관한 책을 열심히 읽고 있어서 궁금증을
이기지 못하고 몇 마디를 나눈 적이 있다. 그분은 세계유산
검정시험우리나라에는 한국사검정시험이 있다에 응시할 예정이라고 했
다. 남편과 종종 세계유산을 탐방하는 여행을 즐겼는데 최근

남편 건강이 안 좋아져 여행은 자제하고, 대신 부부가 함께 세계유산검정시험에 도전하기로 마음먹었다고 했다. 그날은 남편을 집에 두고 잠시 친정집에 가는 길이었다.

"시험 준비를 위해 시험과 관련된 책을 읽는 것만으로도 여행하고 있는 듯한 기분이 들어요." 이렇게 말하며 활짝 웃는 그녀에게서 병석의 남편을 둔 어두운 그림자는 전혀 느껴지지 않았다.

검정시험이든 자격증 시험이든 합격, 불합격에 크게 연연할 필요는 없다.

목표를 달성하면 더할 나위 없지만 목표에 도달하기 위한 과정 그 자체를 즐기면 그만이다. 시험을 준비하며 오랫동안 잊고 있던 공부의 감각을 다시금 느낀다거나 시험 관련 책을 읽으며 잘 몰랐던 지식을 알아간다거나 하는 그런 과정. 한자급수책에서 처음 보는 한자를 외우는 일 또한 소소한 즐거움이 될 수 있다.

지금까지는 습관처럼 '성과를 내지 않으면 안돼!'라고 스스로를 다그쳤다. 특히 조직에 오래 몸담았던 사람이라면 성과주의식 사고에 젖어 있을 가능성이 크다. 50대에 접어들었다면 이제부터는 좀 더 자신에게 너그러워지자. 조금 과장해서 말하면 자격시험도 '산책을 하듯' 준비해보자.

가벼운 마음으로 시작하는
늦깎이 대학생

"우리 대학 학생 중 3분의 1이 중·장년층이에요." 도쿄 근교 한 사립대학 관계자의 말이다. 연령대도 다양해 40대, 50대가 있는가 하면 80대 학생도 드물지 않다고 한다.

중·장년층 대학생 중에는 정년퇴직자나 퇴직한 남편을 둔 주부도 있다. 남편이 직장에 다녔을 때는 자기만 하고 싶은 일을 하기가 미안했기 때문에 남편이 퇴직한 지금에야 대학 공부를 시작하게 되었다고 한다.

요즘 캠퍼스에서 젊은 대학생의 수에 비해 드물기는 해도 '늦깎이 대학생'을 어렵지 않게 찾아볼 수 있는 이유는 대학 측이 직장인이나 중·장년층의 입학 정원을 과거보다 훨씬 늘렸기 때문이다. 저출산으로 대학 입학생 수가 줄어들자 마련한 해결책의 일환인 것이다. 그런데 이러한 묘책이 의외의 효

2장 인생의 버팀목이 되는 취미와 공부

과를 주었다. 사회 경험이 풍부한 늦깎이 대학생들은 대부분 학업에 성실하고 교우 관계도 원만하다. 이런 모습이 젊은 대학생들에게 본보기가 되었고 자극이 되었다.

"세대가 달라도 같은 학생이라는 동료의식에서인지 연령대가 다른 학생들끼리도 대화를 나누는 모습이 자주 눈에 띄어요." 대학 관계자가 말했다.

늦깎이 대학생의 증가는 중·장년층인 늦깎이 대학생들, 젊은 대학생들 그리고 대학 측 모두에게 득이 되는 셈이다.

영국의 극작가 조지 버나드 쇼는 '젊음, 젊은이들에게 주기는 아깝지'라는 말을 남겼다. 나는 '대학, 젊은이들에게는 아깝지'라는 생각이 들 때가 있다.

젊었을 때는 '대학 생활'이라는 좋은 학업의 기회를 얻었는데도 놀 생각만 한다. 나 역시 예외는 아니었다. 졸업하고서야 '그때는 훌륭한 교수님들과 언제든 만날 수 있었는데. 왜 더 공부하지 않았을까?'라고 후회한 적이 한두 번이 아니다. 사실 젊은 시절에는 자기가 진짜 하고 싶은 공부, 더 파고들고 싶은 분야가 무엇인지 잘 모른다. 그도 그럴 것이, 남들이 다 가기 때문에 별 생각 없이 대학에 진학하고 대학입학시험 점수에 맞춰서 적당한 학교에 지원하는 경우가 많기 때문이다.

이런저런 사회 경험을 많이 한 중·장년이 되어서야 정말

하고 싶은 공부를 깨닫고 '배움'이라는 행위에 순수한 기쁨을 느낄 수 있지 않나 싶기도 하다.

나이가 든 사람 중에는 경제적인 사정 때문에 대학 진학을 포기할 수밖에 없어서 여전히 대학에 동경을 품고 있는 사람도 많다. 혹은 너무나 한가한 나머지 '어차피 시간을 때워야 한다면 대학에 다니는 편이 멋있을지도 몰라'하고 생각하는 사람도 있을지 모른다.

이유가 무엇이든, 대학에 입학하는 것도 나쁘지 않겠다는 마음이 조금이라도 있다면, 관심 가는 대학을 한번 둘러보자.

일부 대학은 '오픈캠퍼스'라고 해서 자유롭게 강의를 들을 수 있는 날도 마련하고 있다. 우선 그런 기회를 잘 이용하면 좋겠다.

'매일 대학에 가는 것은 좀…' 이런 생각이 든다면 방송통신대학은 어떨까? 방송통신대학은 특히 학비가 걱정인 사람에게도 추천한다. 등록금이 연 약 100여만 원 정도로 저렴한 편이기 때문이다. 이는 일반 사립대학의 10분의 1로, 비교도 안 될 정도이다.

목표 숫자가 있으면
흥미가 계속된다

"내가 생각해도 싫증을 잘 내는 편이에요. 그래서인지 뭘 해도 오래가지 못하죠."라며 자조적으로 웃는 T씨. 내가 가끔 들르는 동네 술집의 단골이다. 그는 퇴직한 후부터 매일 그곳에 방문한다.

어느 날 그가 싱글거리는 얼굴로 몇 장의 사진을 다른 손님들에게 보여주고 있었다. 나도 흥미롭게 들여다보니 하나같이 후지산 사진이다. 그런데 왠지 그 구도가 익숙하다. 다른 사람들도 나와 같은 생각을 하는 것 같았다.

"이거요, 가츠시카 호쿠사이*의 〈가나가와 해변의 높은 파도 아래**〉 아시죠? 그 파도 그림과 같은 구도에서 찍은 거에요."라며 T씨는 자랑스러워했다.

T씨는 원래 싫증을 잘 내는 데다가 취미다운 취미를 가져

본 적이 없었다. 퇴직 후 멍하니 집에만 있던 그에게 보다 못한 아내가 잔소리를 늘어놓았다. "뭐라도 좀 해보지 그래요? 옆집 남자는 취미가 많아서 거의 매일 외출한다는데."

실은 그도 매일 뒹굴거리는 생활이 지루했던 참이었다. 그런 와중에 아내에게 핀잔까지 들으니 T씨 또한 마음이 편할리 없었다. T씨는 기분 전환 겸 훌쩍 집을 나서서 바다라도보고 오자며 고속도로를 달렸다고 한다.

정처 없이 가다가 도착한 곳에서 바라본 후지산의 모습이무척 아름다워서 카메라에 담았더니, 같은 곳에서 사진을 찍고 있던 사람이 이렇게 일러주었다. "호쿠사이가 그린 유명한그림의 장소가 이곳이래요."

집에 돌아와 아내에게 사진을 보여주자 아침까지 짜증을내던 그녀도 "어머 재미있네!"라며 호응해주었다. 의욕이 생긴 T씨는 그날부로 '부악삼십육경'을 사진으로 남겨야지!'라고 결심했다. '부악삼십육경'은 호쿠사이가 그린 우키요에 판화로 후지산의 다양한 풍경을 36장의 화폭에 담은 작품이다.

T씨는 그날 결심한 대로 36경 모든 곳을 찾아가 촬영을 했다고 한다. 우연한 기회로 찍은 한 장의 사진이 취미 하나 없던 T씨를 이토록 변화시켰다니 흥미로운 일이다. T씨는 다음에는 호쿠사이의 '부악백경', 안도 히로시게***의 '동해도오십삼차****' 속 장소도 찍겠다며 신났다.

내가 아는 또 다른 친구는 《일본백명산》에 나오는 전국의 산을 돌며 사진을 찍기도 한다. 《일본백명산》은 등산가이자 작가인 후카다 규야가 일본의 여러 산 중에서 엄선한 100개의 산을 주제로 쓴 수필집이다.

이처럼 '36'이라든지 '100'처럼 목표로 삼을 만한 숫자가 확실하면 어떤 일을 하는 데 싫증을 잘 내는 사람도 흥미를 느끼며 계속할 수 있다. 목표 달성의 여부를 빠르고 쉽게 확인할 수 있기 때문이다. 하나씩 완수하며 목표 숫자에 근접해가는 과정에서 성취감이나 희열을 맛보다 보면 자연스럽게 다음의 목표로 이어지기도 쉽다.

목표는
여유 있게 설정하라

앞서 목표 숫자가 있으면 어떤 일을 계속해 나가기 좋다고 했다. 그런데 이 과정에서 '무슨 일이 있어도 36경을 혹은 100경을 찍는 일을 완수해야지!'라며 무리하지는 말자. 자격증 취득이나 검정시험과 관련해서도 말한 바 있다. 노후에는 무슨 일이든 '결과보다는 과정을 즐기면 그것으로 충분하다'라고 생각하자. 퇴직 후 대학에 입학하면서 '반드시 4년 안에 졸업해야 해'라고 여긴다든지 대학원에 입학하면서 '박사학위를 따지 못하면 입학한 의미가 없어!'라고 단정 짓지 말았으면 좋겠다.

지금까지는 목표는 높이 잡는 것이 좋다고 들어왔을 것이다. 그러나 노후에는 다르다. '언젠가 목표를 달성할 수 있으면 좋겠다'는 식으로 여유 있게 설정하면 마음이 훨씬 편

2장 인생의 버팀목이 되는 취미와 공부

해진다.

노후에 접어들면 지금의 건강이 언제까지 지속된다는 보장도 없다. 나이가 들수록 면역력이 떨어져 질병에 걸리거나 신체적 능력도 저하되어 다칠 확률은 높아지고, 쉽게 피로해지기 때문이다.

'반드시 달성하겠다'고 지나치게 자신을 죄다 보면 무리를 하기 쉽다. **'갈 수 있는 때까지만 가자'라는 마음으로 목표를 여유 있게 잡아두면 자기 페이스를 지킬 수 있다.** 결과적으로는 이렇게 하는 편이 어떤 일이든 오래 지속하기도, 목표를 달성하기도 쉽다.

노후에도 할 수 있는 일은
얼마든지 있다

같이 일하는 젊은 동료가 자기 어머니에 대한 이야기를 들려준 적이 있다.

동료의 아버지가 돌아가시고 자식들이 독립하자 어머니 혼자 남게 되었다. 그런 어머니의 노후를 걱정한 동료의 누나가 "앞으로 매일 뭐 하면서 지내실 거예요?"라고 물었더니 어머니는 "일을 하고 싶어."라고 대답하더란다. 전업주부로 그때까지 직장 생활을 한 적이 전혀 없던 분이었다. 더구나 72세라는 고령이기도 했다.

한평생 집안일만 도맡아온 여성의 마음속에도 '일을 하고 싶다'는 바람이 숨어있다. 하물며 계속해서 사회 생활을 해온 사람은 노후에도 일하고 싶은 마음이 더 강할지도 모른다.

일본의 경우 노년층 인구의 90% 이상이 '60세 이후에도 일

2장 인생의 버팀목이 되는 취미와 공부

하고 싶다'고 대답했다2008~2010년 일본 노동조사협의회·노동조합을 위한 종합조사연구센터 조사.

정년퇴직 후에도 계속 일하고 싶은 이유로는 '생계유지를 위해서'라는 대답이 가장 많았지만, 4명 중 1명은 '생계유지 이외의 이유'로 일하고 싶다고 대답했다*.

사람들은 노년에 '유유자적 살고 싶다'는 마음 한편으로 '언제까지나 일하고 싶다'는 마음도 강하다는 사실을 주목해야 한다. 얼핏 모순되는 것 같지만 둘 다 일리가 있다. 나 또한 정년퇴직 후의 삶을 생각했을 때 이 두 가지 마음이 동시에 떠올랐다.

그렇다면 어떻게 할 것인가? **'내가 원하는 대로'**가 답이다.

'일해야 한다' '일하고 싶다'라고 생각한다면 일을 하는 방향으로 움직이면 된다. 결코 실현 불가능한 것이 아니다. 실제로 고령의 나이에도 일거리를 찾는 사람들은 주위에 얼마든지 있다.

---

* 우리나라 통계청의 2018년 5월 〈경제활동인구조사 노년층 부가조사〉에 따르면 55~79세의 64.1%가 '나이가 들어도 계속 일하고 싶다'고 답했다. 나이가 들어서도 일하고 싶은 이유는 '생활비에 보태기 위해서'라는 대답이 59%로 가장 많았지만 '일하는 즐거움을 얻기 위해서'라는 대답도 33.9%나 됐다.-편집자 주

앞서 소개한 동료의 어머니는 도시락 가게에서 일자리를 찾았다. 직장인들의 출근 시간에 맞춰 도시락을 준비하는 일이다. 업무 시간은 오전 4시부터 7시까지로 꽤 이른 편이라고 할 수 있다. 그래서 도시락 가게에서도 이 시간대에 사람을 구하기가 쉽지 않았던 터였다. 젊은 주부들은 대부분 이때쯤 출근하는 남편이나 등교 준비를 하는 자녀들을 챙겨야 해서 바깥일을 하지 않으려고 하기 때문이다. 일손이 부족한 가게 입장에서는 동료의 어머니와 같은 분들이 아침 일찍부터 일해줄 수 있다면 더할 나위 없이 좋은 것이다. 요즘 그녀는 일을 시작하기 전보다 훨씬 생기 있고 건강하게 생활하고 있다.

'정년퇴직 후에도 일하고 싶은 사람은 많다. 이런 사람들을 모아 인재파견사업을 하면 어떨까?'라는 생각에서 출발하여 '퇴직자 인재파견회사'를 개업한 사례도 있다.

퇴직한 사람들 중에는 사회 경험이 풍부하고 뛰어난 전문지식과 기술을 가진 사람도 적지 않다. 그런데 임금은 일반적으로 젊은 사람들보다 적게 설정된다. 이런 점 때문에 퇴직한 사람들을 찾는 기업의 수요도 많아져서 이 회사는 직원을 늘릴 정도로 호황을 이룬다고 한다.

중·장년 인재에 대한 수요가 특히 많은 분야는 전화로 고객을 상담하는 직종이다. 전화상담원에게 괜한 트집을 잡거

2장 인생의 버팀목이 되는 취미와 공부

나 눈살을 찌푸리게 말을 하는, 이른바 '진상 고객'이 늘고 있는데, 그런 고객은 젊은 사람보다는 사회 경험이 풍부하고 성격도 온화해진 중·장년이 응대하기에 안성맞춤이다.

현역 시절, 자신의 전문 분야를 살려 퇴직 후 해외 취업을 한 예도 있다. B씨는 대기업 화학제조사의 기술자로 한평생을 일해왔다. 그는 정년퇴직 후 한국의 제조회사에서 스카우트 제의를 받아 몇 년 동안 일을 했고 지금은 중국에 있는 회사에 취업해 현지의 젊은이들에게 기술을 전수하고 있다. 자신이 쌓아온 기술을 국경을 넘어 타국의 후계자에게 전수하는 것은 사회적으로도 자기 자신에게도 의미가 있는 일이다.

노후에도 일자리를 얻고 싶다면 '고령자인재은행'을 이용해도 좋다. 이곳에서는 50세 이상 취업희망자에게 맞춤형 취업·교육 정보를 제공한다. 가사도우미, 베이비시터, 요양보호사, 조리사 등의 직업을 알선해 주기도 해서 가사에 전념한 사람이라면 지금까지 해온 집안일을 바탕으로 취업을 할 수도 있다.

현역 시절과
비교는 금물이다

정년퇴직 후에도 일을 계속할 거라면 퇴직과 함께 자신의 경력 인생을 새로 시작한다는 마음을 가져야 한다. 많은 부하 직원을 거느렸던 현역 시절에는 잡다한 일도 말 한마디만 하면 누군가가 해주었다.

그러나 퇴직 후에는 지금까지와 입장이 다르다. 정년 이후, 재취업을 하고서는 단순한 데이터 입력은 물론 인쇄물 출력까지 스스로 하는 것이 당연하다고 생각해야 한다.

수입이 상당히 줄어드는 것도 각오해야 한다. 업무의 질이나 양에 따라서 다르지만 보통 한창 시절의 절반 정도인 경우가 많다.

'수입은 자신의 사회적 가치를 나타내는 숫자'라는 말이 있다. 이 말에 사로잡혀서 '이래 봬도 왕년에는 연봉이 꽤나 높

2장 인생의 버팀목이 되는 취미와 공부

았는데 지금은 고작 이것밖에 안 되나?'라고 스스로 한심하게 느낄 수도 있다. 그러나 이제 자녀들은 거의 다 자라서 교육비도 들지 않고 주택융자금도 다 상환했다. 게다가 연금이라는 기반을 다져둔 사람도 있을 것이다. 그렇다면 그렇게 욕심낼 필요는 없지 않을까?

수입뿐만 아니라 업무에서도 마찬가지이다. 현역 시절에는 매일 업무를 했다면 재취업을 하고 나서는 일주일에 3~4일 정도로 업무 시간을 줄이는 것이다.

내가 일하는 병원에 종종 들르던 거래처 제약회사 직원이 있다. 작년에 정년퇴직을 해서 통 보지 못했는데 그가 간만에 방문했다. "이 병원은 제가 계속 맡게 되었습니다. 앞으로도 잘 부탁드립니다." 그는 계약직으로 다시 일을 할 수 있게 되었다고 했다. 이제부터는 월요일에서 목요일, 오전 10시부터 오후 4시까지가 근무 시간이라고 한다. 원래 야근이 많은 일이었을 테니 실질적으로 업무 시간은 현역 시절에 비해 반 이하로 줄었을 것이다. 업무 시간이 줄었으니 수입도 줄었을 가능성이 크다. 그는 연신 "이렇게라도 일을 계속할 수 있게 되어 감사해요."라고 했다.

일은 돈 이외에도 많은 것을 가져다준다. 그는 그것을 절실히 깨닫고 있는 것 같았다.

자원봉사의 기쁨을
느껴보자

수입에 연연하지는 않지만, 퇴직 후 놀고만 있는 게 싫다면 자원봉사를 해보면 어떨까?

서양에서는 누구든, 언제든 자원봉사를 할 수 있다는 의식이 사회 전체에 널리 퍼져있다. 자원봉사는 '하겠다'는 마음을 굳게 먹은 후에 시간을 내야만 할 수 있는 이벤트가 아니라 큰 부담 없이 참여할 수 있는 일상적인 일이라는 게 일반적인 생각이다. 그러나 일본만 해도 자원봉사를 하는 사람이 전체 인구의 0.3%밖에 되지 않는다는 자료가 있다. 시간이 남아도는 노후, 좀 더 적극적으로 자원봉사 활동에 참여해보면 어떨까?

친구의 어머니는 90세가 되어 가는 고령임에도 동네 문화센터에 나가 수예를 가르치고 있다. 과거 일본의 농가에서는 농사일이 바쁘지 않은 농한기에 여자들이 수예를 하는 풍습이 있었다. 조각천이나 쓰고 남은 자투리 천에 수를 놓거나 바느질로 공예품을 만들었다. 농가 출신인 친구의 어머니도 수예만큼은 자신 있었다.

우연히 동네 문화센터에서 '어르신 공예품 전시회'를 주최한다는 소식을 들은 그녀는 직접 바느질한 보자기 몇 개를 출품했다. 그 작품을 인상 깊게 여긴 센터 관계자의 제안으로 친구의 어머니는 바느질 자원봉사를 시작하게 되었다고 한다.

전업주부인 또 다른 지인은 시에서 운영하는 도서관에서 시각장애인을 위해 명작을 낭독하는 자원봉사를 하고 있다. 도서관 홈페이지 게시판에서 자원봉사자 모집 안내를 보고 지원했다. 아나운시나 성우의 경험이 전무한 아마추어지만 학창 시절 방송부 활동의 경험을 떠올리며 간단한 트레이닝을 받은 후에 명작 낭독 봉사에 첫발을 디뎠다.

그녀는 최근에 또 다른 봉사활동도 시작했다. 인근 지역의 아동복지시설을 방문해 아이들에게 동화책을 읽어주는 활동이다. 봉사가 주는 뿌듯함을 한번 맛보고서 생긴 삶의 변화이다.

일본의 경우 노후에도 해외에 나가 자원봉사를 할 수 있다. 일본국제협력기구JICA가 노인들을 대상으로 모집하고 있는 '노인 해외 자원봉사'에 지원하면 된다. 기본적으로는 무료 자원봉사지만 개중에는 보수가 지급되는 자원봉사도 있다. 봉사 분야는 농업기술, 의료, IT 등의 정보기술, 교육 등 다양하다.

현역 시절에 토목 기사로 일했던 P씨는 매년 6개월 동안 필리핀에서 치수 공사 현장 지도를 자원해서 하고 있다. 왜 6개월이냐면 필리핀은 6월부터 11월까지 우기라서 공사를 하기 어렵기 때문이다. P씨의 아내도 남편을 따라 현지 아이들에게 종이접기를 가르치는 자원봉사를 하고 있다.

자원봉사를 하기로 마음먹었다면 이것 하나는 기억하자. 자원봉사는 내가 누군가에게 '해주는 것'이 아니라 '해드리는 것'이라고. '해준다'는 '호의나 시혜를 베푼다'는 의미를 담고 있다. 만약 이러한 의식이 손톱만큼이라도 있다면 차라리 하지 않는 편이 낫다.

또한 자기 스스로 하고자 나선 활동이라도 참여하기로 한 이상 책임이 따른다는 사실을 잊지 말자. 그저 '자원봉사니까…'라며 내키지 않는 날 무단으로 쉬어버리면 관리하는 측도 '자원봉사자는 신뢰할 수 없다'며 다음부터 큰 기대를 하지 않게 된다.

자원봉사 활동에 참여해보면 다른 사람에게 도움을 주는

2장 인생의 버팀목이 되는 취미와 공부

일이 스스로에게도 얼마나 큰 기쁨이 되는지 절실히 느낄 수 있다. 또 그런 기쁨을 안겨준 것에 정말로 감사하는 마음이 든다.

내가 '해드리는 것'이라는 감사의 마음으로 봉사를 하면 상대방도 나의 진심을 알고 세상에 감사할 것이다. 이렇게 감사의 마음이 확산되어야 자원봉사 활동이 값지고 보람 있는 것 아닐까?

3장

부담 없이
산뜻한 인간관계

인생 후반, 교제의 기본은 담백함이다

사람을 대할 때는 불을 대하듯 하고,
다가갈 때는 타지 않을 정도로,
멀어질 때는 얼지 않을 만큼만 하라.

-디오게네스

동네 이웃들과
인사 이상의 대화를 나누자

"동네에 친한 사람이 없어요."

중·장년 남성 2명 중 1명이 이렇게 대답했다. 2010년 일본 하치오지 시 도시정책연구소가 중·장년층의 생활 실태를 조사한 결과이다. 대부분의 남성이 아침 일찍 집을 나서고 늦게 귀가하는 직장 생활을 해왔기 때문일 것이다.

상대적으로 여성들은 집안 살림을 하면서 동네 이웃과 교제할 기회가 남성보다 많다. 분리수거를 하러 나가거나 집 앞 골목을 청소하면서 이웃과 눈인사라도 나눌 수 있다. 아이 엄마라면 아이와 비슷한 또래의 이웃집을 왕래하면서 그 집 엄마와 친하게 지낼 수도 있다. 물론 맞벌이 여성이나 '커리어 우먼'은 남성의 상황과 별반 다르지 않겠지만 말이다.

정년퇴직 이후에는 집에서 보내는 시간이 많아진다. 현역 시절에는 업무를 마치고 회사 동료들과 간단하게 한잔하며 시간 가는 줄 모르게 이야기를 나눌 때도 있었다. 회사가 바빠 귀가가 늦어진 탓도 있겠지만 딱히 동네 이웃들과 사귈 이유가 없었던 것이다. 그러나 집에서 뒹굴뒹굴 머무르다 보면 누군가와 교류하고 싶은 마음이 슬며시 든다. 현역 시절 가깝게 지냈던 동료들에게 연락하는 것도 한두 번이다. 그러므로 정년을 눈앞에 두었다면 이제부터라도 동네 이웃들을 차근차근 사귀어두면 좋다.

'멀리 있는 친척보다 가까이에 있는 이웃이 좋다'는 말도 있듯이 예부터 이웃들과는 친척보다 친하게 지내기도 했다. 유사시에 바로 달려올 수 있는 거리에 사는 이웃이 누구보다 더 든든하고 의지가 되기 때문이다. 그러므로 이웃과의 관계는 친척 이상은 아니더라도 무슨 일이 생겼을 때 서로 지체 없이 도와줄 수 있는 교제가 될 수 있다면 좋겠다.

요즘 대중 매체에서 '무연사회'라는 말을 자주 들을 수 있다. 무연사회란 독신 가정의 증가, 경기 침체, 청년 실업, 저출산, 고령화 등으로 사람들 간의 유대가 약해진 사회를 말한다.

인간관계는 식물 가꾸기와 비슷하다. 씨를 뿌리지 않으면 싹이 안 나고 싹이 난 후에도 착실히 돌보지 않으면 식물이 크지 않는 것처럼 인간관계도 그렇다. 스스로 잘 가꾸어 나가야 한다. 모두가 '누군가가 말을 걸어주겠지?'라며 몸소 나서지 않고 가만있으면 무연사회가 오는 것은 당연한 결과가 아닐까?

이웃과 친해지는 첫걸음은 상대방보다 먼저 말을 건네는데서 시작되는 경우가 많다. 지금까지 눈인사 정도만 나누었다면 앞으로는 적극적으로 말을 걸어보자. 웃는 얼굴로, "안녕하세요?"라는 인사말에서 한걸음 더 나아가 한마디 더 보태자. "댁에 핀 꽃이 예쁘던데요. 지나가다 잠깐 본 적이 있는데 아주 기분이 좋더라고요."라든지 이웃이 반려동물을 데리고 가는 모습을 보면 "정말 귀엽네요. 무슨 종인가요?"라고 물어본다.

당신의 화젯거리가 마음에 든다면 상대방은 "꽤 손이 많이 가지만 이렇게 예쁘게 피면 애쓴 보람이 있어요."라든지 "네. 꼬똥 드 튈레아라는 종인데, 아직 많이 키우지는 않는 친구예요."라는 식으로 신이 나서 대답할 것이다. 그런 식으로 2~3분이라도 좋으니 서서 담소를 나눠본다.

내가 아는 F씨는 실제로 이렇게 동네 친구를 만든 케이스이다. 퇴직 후 F씨는 매일 공원 산책을 일과로 삼았다. 어느 날, 산책 도중에 목이 말라서 캔맥주를 사서 벤치에 앉아 마시고 있는데 건너편에 자기와 똑같이 캔맥주를 마시고 있는 사람이 있었다고 한다. 두 집 건너에 사는 이웃집 남자였다. 비슷한 처지가 반가워 F씨는 먼저 말을 건넸다. 그때까지는 얼굴만 아는 사이였다.

"이야, 집에서 마시면 마누라 잔소리가 심해요."라고 하자 상대방도 "말도 마세요. 우리도 그래요."라고 대답해서 폭소가 터졌다. 갑자기 의기투합한 두 사람은 "이참에 같이 한잔 하는 게 어때요?"라며 함께 근처 선술집에 가기에 이르렀다. 요즘도 일주일에 한 번 정도 함께 술을 마신다고 한다. '공원에서의 첫 만남'을 계기로 서로 마음의 빗장이 풀린 셈이다.

F씨의 아내는 남편에게 동네 친구가 없어서 걱정하던 차에 이 교제를 대환영했다. F씨 부부와 이웃 부부는 이따금 부부 동반으로 다 같이 온천에 놀러 가기도 한다.

만일 당신이 '동네에 가끔 대화할 수 있는 친구가 있으면 좋겠다'고 생각한다면 의외로 지척에 같은 생각을 하는 사람이 있을지도 모른다. 친해지고 싶은 이웃에게 용기 내어 한마디 걸어보자. 든든하고 소중한 동네 친구가 금세 생길 수 있다.

아파트 주민 회의에
적극적으로 참여하라

　고립, 단절, 개인주의, 익명성… '아파트'를 떠올리면 이와 같은 말이 잇따라 생각난다. 아파트는 건물 구조상 그리고 입주민들의 의식상 이웃 간의 교제가 흔한 일이 아니다. 우선 한 건물 안에 여러 가구가 살지만 각각 독립된 주거 생활을 한다. 입주민들 역시 사생활 존중과 익명성의 보장을 아파트 주거의 이유로 꼽는다. 옆집에 누가 사는지 모르고, 굳이 알려고 들지도 않는다. 그런데 최근 아파트에 사는 사람들끼리의 교류를 중시하는 움직임이 나타나고 있다. 50대에 접어든 사람들 중에는 장기 대출로 아파트를 구매한 사람이 많아서 차라리 평생 지금의 아파트에 살겠다는 사람이 늘고 있다. 그러다 보니 아파트 이웃 간의 교류가 전에 없는 새로운 과제로 떠오른 것이다.

오래 살다 보면 집은 낡아지기 마련이고 어느 시점에 대규모 보수 공사가 필요하다. 아파트의 경우 주로 동 단위로 공사가 진행된다. '공사'라면 마냥 번거로운 일이라고 느낄지도 모르겠으나 이를 계기로 주민들 간의 관계가 급속하게 좋아지는 경우도 있다.

지인 U씨는 시내의 100세대 규모 아파트에 살고 있다. 지은 지 30년 가까이 되지만 건물도 튼튼하고 교통도 편리해서 그는 노후에도 여기서 살 작정이라고 한다.

U씨가 정년퇴직을 맞이한 해에 마침 두 번째 대규모 수리 이야기가 나왔다. 첫 번째 공사 때는 회사 일이 바빠서 주민 회의에도 거의 참석하지 못했지만, 이번에는 시간도 많고 해서 회의에 자주 나갔다. 그런데 아무리 보아도 공사 견적서가 납득이 가지 않았다. 견적서는 아파트 회사 자회사의 관리부에서 제출한 것이었다.

사실 U씨는 현역 시절 건축 관련 일을 해온 그 분야의 전문가였다. 그가 "견적을 다시 한 번 받아봅시다."라고 주민 회의에서 제안했고, 그 제안이 수락되었다. 이후 여러 회사 간의 경선을 통해 대규모 공사를 맡게 될 시공사가 새로 결정되었다. 대규모 수리의 공사비는 주민들이 낸 관리비에서 지불하는데, 결과적으로 이곳 아파트 주민들은 U씨의 제안을 받아

3장 부담 없이 산뜻한 인간관계

들인 덕에 공사비를 크게 절감할 수 있었다고 한다. 이런 경험을 통해 주민들은 각자가 가지고 있는 지식을 활용하는 것이 얼마나 중요한지 몸소 배울 수 있었다.

또한 평상시 주민들끼리의 교류가 얼마나 중요한지도 새삼 느끼게 되었다. 대규모 공사를 위해 자주 만나서 대화를 나누다 보니 서로 친해져서 명절 때는 '주민 화합 노래 자랑 대회'를 열거나 버스를 대절해 단체 여행을 가기도 한다.

주민 회의에 적극적으로 참여했던 U씨는 지금은 아파트 단지 안에 친한 이웃이 여럿 생겼다. 이웃들과 모이면 머리를 맞대고 주민 결속을 위한 여러 행사를 기획하거나 아이디어를 내놓는다. 이웃들과도 돈독해지고, 예전보다 더 살기 좋은 아파트가 되었다고 하니 정말 부러울 따름이다.

'나는 나, 남은 남'이라는
삶의 모토를 갖자

퇴직 후 인간관계를 재정비하고 싶다면 학창 시절의 옛 친구들과 재회하는 것도 좋은 방법이다. 50대는 대부분 사회인으로 발을 내딛은 지 30년 정도 되는 사람들이 많다. 이쯤 되면 출신 모교에서 동창회 초청 문자나 이메일이 많이 날아온다.

'어, 왜 나한테는 안 보내지?'라고 생각한다면, 차라리 직접 그런 모임을 주최해보라. 틀림없이 찬성할 사람이 한둘은 있을 것이다. 만약 '동창회는 크게 성공한 사람이나 삶에 여유가 있는 사람만 모이는 자리 아닌가?'라고 주저한다면 나이를 먹은 의미가 없다. 이제는 슬슬 남들과 비교하는 삶을 그만두기 바란다.

동창회에서 행복해 보이는 친구를 과하게 부러워하는 건

역으로 '남의 불행은 나의 행복'이라는 생각에 빠져있다는 뜻이다. 사람이라면 자연스러운 심리겠지만 나중에 돌이켜보면 어쩐지 스스로가 못나고 속 좁게 느껴졌던 적은 없는가?

동창회에 나갈 때마다 다른 친구들과 자신을 비교하고 좌절한다면 안 나가면 그만이다. 그러나 매사에 이렇게 남들과 비교하면 사는 게 너무 피곤하지 않을까.

사람들이 갖는 여러 가지 문제의 대부분은 다른 사람과 자신을 비교하는 데서 시작합니다.

스리랑카의 불교 지도자 알루보물레 스마나사라는 이렇게 말했다. 많은 사람들이 남의 행복을 자신의 것과 비교하고 자신의 불행을 남의 것과 비교한다. 또 과거의 행복과 지금을 비교하고 아직 오지 않은 미래의 행복이나 바람을 현재와 비교하기도 한다. 이러면 당연히 불행한 마음이 들 수밖에 없다.

남은 남, 나는 나다. 지금껏 당신은 나름대로 열심히 살아왔다. 그런 자기 자신을 있는 그대로 인정하면 친구의 성공이나 행복에 같이 기뻐해줄 수 있고 자기만 비참하다고 좌절하는 일이 없어진다.

'나'의 행복, '지금'의 행복만을 바라보자.

다른 사람을 싫어하지 않는
간단한 방법

    인간관계가 서툴러서 고민하는 사람들이 의외로 많다. 이들 중 심한 경우에는 우울증에 시달리기도 한다. 인간은 혼자서만 살아갈 수 없다. 은퇴 후에도 그렇다. '퇴직하면 직장 사람들의 지겨운 얼굴을 안 봐도 되고 이제는 누구와도 엮일 필요가 없겠다!'고 생각하겠지만 조금 더 나이를 먹어 요양원에라도 간다면 그곳 사람들과의 교류를 피할 수 없다.

    좋든 싫든 다른 사람과 교류해야 한다면 어떻게 해야 좀 더 원만히 인간관계를 맺을 수 있을까?

    언젠가 서비스업 교육 전문가에게 '눈앞의 사람을 좋아할 수 있는 방법'에 관한 세미나를 들은 적이 있다.

    그곳에서는 둘씩 짝을 지어 옆 사람의 좋은 점이나 좋아 보이는 점 다섯 가지를 쓰게 한다. 제한 시간은 1분. 빠른 시간

안에 거의 반사적으로 상대방의 좋은 점을 찾는 훈련을 한다.

이 훈련은 서비스업 종사자들이 자주 써먹는 방법이라고 한다. 잠깐 동안 손님을 대하더라도 상대방을 '좋다'고 생각하지 않으면 그런 마음이 손님에게 그대로 전해져 이쪽 역시 상대방으로부터 호감을 얻을 수 없기 때문이다.

억지 웃음이나 매뉴얼에 적힌 듯한 칭찬으로는 손님의 마음을 열 수 없다. 손님의 마음이 움직이지 않으면 진정한 만족을 줄 수 없으므로 단골손님으로 만들 수도 없다.

이는 평소의 인간관계에서도 마찬가지이다. **상대방의 좋은 점을 먼저 보려고 하면 결점이나 싫은 점은 그다지 신경 쓰이지 않는다.** 예를 들어 '저 사람은 이래라저래라 참견을 많이 해서 싫어!'라고 느끼는 사람이 있다 치자. 그런데 좋은 점을 찾으려고 다시 보면 '저 사람은 늘 내게 신경을 잘 써주지. 조금 지나친 부분은 없지 않지만…' 하며 나쁜 감정이 많이 수그러든다.

이렇게 다른 사람을 싫어하지 않으려고 노력하면 무엇보다 스스로에게 좋다. 남을 싫어하는 일은 결코 자기 마음도 편한 일이 아니기 때문이다.

인간관계란 서로 마주보는 거울 같다. 내가 상대방을 싫다고 생각하면 상대방도 나를 싫어한다. 내가 좋아하면 상대방도 내게 호감을 보인다.

이런 방법으로 아무리 노력해도 안 되는 사람이 있을 것이다. 그럴 때에는 가능한 한 둘만 있는 상황을 피하고 공통의 친구를 초대해서 세 사람 이상이 만나자. 공통의 친구가 중간에 끼어있으므로 관심이 분산되고 껄끄러운 사람에게 감정을 소모할 일도 줄어든다.

나이가 들면 하나둘 먼저 세상을 떠나는 친구도 생긴다. 새로운 만남의 기회도 흔치 않다. 친밀한 관계를 맺는 일이 그만큼 점점 어려워진다.

'옷깃만 스쳐도 인연'이라고 하지 않던가? 넓고 넓은 세상에서 서로를 알게된 것만으로도 무언가 이유가 있기 때문이라고 생각하면 무턱대고 누군가를 싫어하기가 어려워진다.

적당한 거리감을 두고
사귀어라

젊었을 때부터 알고 지낸 친구와 나이가 들어 중·장년기 이후에 사귄 친구는 교제 방법에서도 차이가 있다. 젊었을 때 사귄 친구는 오랜 시간을 공유하며 서로에 대해 잘 알고 있기 때문에 속마음을 털어놓거나 솔직하게 의사 표현을 하는 일이 자연스럽다. 하지만 **나이를 먹고 만난 친구는 어느 정도 거리감을 두고 사귀는 편이 원만한 관계를 만드는 데 도움이 된다.**

일반적으로 사람은 나이를 먹으면 자신만의 세계가 확고하게 형성되어 새로운 것이나 잘 알지 못하는 대상에 대한 거부감이 높아진다.

그런데 누군가와 친하다는 건, 상대방에 대해 무엇이든 파악해야 하는 것이라고 착각하는 사람이 있다. 나쁜 의도는 아니겠지만, 상대방의 영역을 스스럼없이 침범해서 곤란한 상황을 초래한다.

자신은 기껏 상대방을 생각해서 한 행동이었는데 오히려 사람들로부터 멀어진다면 인간관계의 '거리감 두기'를 모르고 있을 가능성이 높다. 다시 한 번 자신의 언행을 점검해보기 바란다.

첫 만남에서부터 상대방의 사적인 부분에 대해 거침없이 묻는 것은 금물이다. "어떤 일을 하세요?" "아이들은 몇 명이나 두셨어요?" "어디에 사시나요?" "차는 뭘 타고 다니나요?" 등 심문하듯이 물어보면 상대방이 질릴 수밖에 없다.

집요하게 다가가는 것도 좋지 않다. 예를 들어 문화센터에서 같은 강좌를 듣는 동년배의 사람을 만났다고 치자. 어쩐지 마음이 잘 맞아 보여 휴식 시간에 "집에 가는 길에 차라도 한 잔할래요?" 하고 물어볼 수는 있다. 하지만 상대방이 머뭇거리는데, "에이, 잠깐인데 어때요?"라는 식으로 부담을 주지는 않았나?

상대방이 내켜하지 않으면 그렇게까지는 하고 싶지 않은 것이다. 그러면 "차는 다음에 마시죠."라고 바로 물러서야 한다. 멀지도 가깝지도 않지만 어쨌든 만남을 이어가고 싶다면 말이다. 이렇게 관계의 완급 조절을 해야 오히려 더 친해질 수 있다.

3장 부담 없이 산뜻한 인간관계

서로 부담 없는 관계가
오래간다

외출하거나 여행 갈 때마다 '어머, 이거 ××씨가 좋아할 것 같아!'라며 자꾸 무언가 사서 남에게 주지 않는가? 나는 이런 사람을 '주고 싶어! 증후군' 환자라고 부른다.

남에게 무언가를 주는 것이 나쁜 일은 아니다. 상대방에 대한 호의에서 비롯한 일이기 때문이다. 그러나 스스로 '나는 언제나 남을 배려하고 인심도 좋은 사람'이라고 은연중에 생각하고 있지 않는지 돌아봐야 한다. '주고 싶어! 증후군'의 경우 남들이 자신에게 관심을 가져주길 바라는 마음이 지나치게 강한 경우가 많다. 자기 자신은 모를 수 있지만 물건으로 사람의 마음을 끌려는 심리가 뿌리 깊게 잠재해있다.

하지만 '받기만 하면 안 된다'는 감정은 누구나 갖고 있다. 무언가를 주면 상대방은 '받을 이유도 없는데 미안하네. 어차

피 언젠가 갚아야 해'라고 부담을 느낀다. '퍼주기 좋아하는' 사람은 원래 의도와는 정반대로 사람들과 멀어질 수 있으니 언제나 필요 이상의 호의를 베풀지 말자.

'군자지교담약수君子之交淡若水'라는 말이 있다. 군자의 사귐은 물과 같이 담백하다는 뜻이다. 노후에는 이런 군자의 덕을 따라 사람을 사귀자. **마음에 부담이 없는, 담백하고 가볍고 상쾌한 교제가 서로에게 훨씬 기분 좋아 결과적으로 그 관계는 오래 지속된다.**

앞에서처럼 외출했을 때, 어떤 물건을 보고 '어, 이거 ××씨가 좋아할 것 같아!'라는 생각이 들었다면 분명 상대방이 보고 싶다는 증거다. 물건을 사는 대신 떠오른 사람에게 전화를 걸거나 문자 메시지를 보내면 어떨까? 안부를 묻다가 가까운 시일에 식사 약속이라도 잡는다면 꽤 만족스러운 전개이다.

여럿이서 식사하거나 차, 술을 마시는 자리에서도 더치페이를 권한다. 젊은 사람들 중에는 얻어먹으면 무조건 좋다고 생각하는 사람이 많다. 그러나 어느 정도 나이가 든 사람들은 별 이유도 없는데 얻어먹으면 도리어 마음이 무겁다. 내가 먹은 만큼만 직접 내는 게 제일 깔끔하다고 생각한다.

물론 상대방의 생일, 승진 등 특별한 날이라면 자리를 뜨기 전에 "오늘은 내가 한턱낼게."라는 식으로 말해둔다. 으쓱

한 기분을 내면서 상대방에게 "○○씨는 참 센스 있는 사람이
야!"라는 칭찬을 들을 수 있다. 특히 누가 봐도 경제적으로 여
유가 있는 사람이라면 더욱 더치페이를 하자. 상대방을 진심
으로 배려한다면 그 사람이 빚지는 마음을 갖게 하지 않아야
한다. 만날 때마다 가슴 한편에 무거운 추를 매단 듯 부담스
러운 관계는 누구라도 피하고 싶다.

혼자서 즐길 수 있는 사람이 매력적이다

모순된 말처럼 들리지만 사람들과 잘 어울리고 싶으면 우선 혼자서도 무엇이든 할 수 있어야 한다. 특히 나이가 들면 젊은 사람보다 독립성, 진취성이 떨어진다는 인식이 강하므로 50대 이후부터는 더욱 혼자서 즐길 수 있는 사람이 되는 것이 중요하다.

'새로 시작한 미술 전시회를 보러가고 싶은데 함께 갈 사람이 없네…' '이번에 개봉한 영화가 평이 좋던데 누구 함께 가줄 사람 없을까?' 이렇게 생각할 수는 있다. 혼자 즐기는 게 낯설어서, 대기 시간이 심심할까봐 등의 이유로 누군가에게 같이 가자고 말하는 것도 이해된다. 그런데 상대방이 "나는 별로 재미없어 보이는데…."라고 하자마자 "그래? 그럼 나도 안 갈래!"라고 일사천리로 말하지 않았는가? 이러면 상대방은 괜스레 마음이 무거워진다. 다른 사람의 계획이 자신 때문에 틀어진 것 같기 때문이다.

함께하면 즐거울 것 같아 제안했는데, 상대방의 스케줄이 맞지 않거나 거절을 한다면 "유감이네, 다음에는 꼭 함께 가요."라고 가볍게 받아들이자. '아니면 말고'의 자세는 혼자서도 충분히 즐길 수 있는 사람들의 공통점이다. 이러한 모습은 미련이 없어 보여 상대방에게도 산뜻한 인상을 준다.

함께 외출했을 때, 상대방에게 계속해서 말을 걸어야 직성이 풀리는 사람이 있다. 상대방은 별 관심도 없는 이야기를 한시도 쉬지 않고 늘어놓는다. 더욱이 눈치도 없어서 상대방이 "저는 이제 한 군데 더 돌아보고 싶은 곳이 있어서…." 하고 말하면 "나도 같이 갈래요!"라며 끝까지 동행하려고 한다. 이런 경우에도 상대방이 학을 떼는 건 당연하다.

낄 때 끼고, 빠질 때 빠져야 할 타이밍을 알아야 한다. 나이를 먹으면 사람은 누구나 저마다의 습관, 버릇이 강해진다. 남을 위해 희생하면서까지 오랫동안 지켜온 행동 방식을 바꿀 사람은 없다. 이 점을 깊이 새기고 노후에 시작하는 교제가 쉬운 일이 아님을 기억할 필요가 있다.

상대방을
'주연'으로 받들며 대하라

사람들과 원만하게 사귀려면 상대방의 이야기를 잘 들어주는 것이 중요하다. 엄밀히 말해 상대방의 이야기를 잘 끌어내야 한다고나 할까.

원래부터 말수가 없는 사람도 있지만 대부분의 사람들은 대화 중에 자기가 중심이 되어 이야기하고 싶어 한다. 그래서 상대방이 7, 내가 3 정도의 비율로 이야기해야 비로소 상대방이 5대 5의 비율로 대화했다고 느낀다고 한다.

상대방의 대화를 기분 좋게 이끌려면 늘 상대방이 '주연'이라고 생각하고 그가 말한 것만을 이야깃거리로 삼자. 이쪽은 고개를 끄덕이며 수긍하는 태도를 보이거나 상대방이 앞에서 한 말을 되묻는, 조연의 역할이 적당하다. 다음은 처음 만난 사람과의 대화 상황이다. 참고하면 좋겠다.

"저는 다 큰 아들 하나가 있어요."

"그래요? 전혀 그렇게 안 보이시는데요."

"자식 걱정 그칠 날이 없어서 늙지 않나 봐요. 실은 우리 애는 직장 생활이 싫다고 연극 쪽 일을 하고 있어요."

"연극 쪽이라면 배우인가요?"

"아니요, 무대 조명이요."

"조명이요?"

"네, 꽤 전문직인가 봐요. 미국에 유학도 다녀왔는데, 지금은 귀국해서 여러 무대에서 어시스턴트를 하고 있죠."

"아드님이 유학을 다녀오셨군요. 대단하네요."

"뭐, 부모 등골을 빼먹은 것뿐이죠."

"올해 몇 살이에요?"

"이제 서른다섯이에요. 아직 미혼이에요. 언제 손주 얼굴이나 볼 수 있을지…."

앞서 중·장년기 이후 교제에서는 어느 정도 거리감을 유지하는 것이 필요하다고 했다. 위의 대화에서처럼 이쪽에서 상대방의 영역에 거침없이 들어가지 않아도 상대방에 대해 점점 더 많은 것을 알 수 있게 된다. 중요한 점은 '당신의 말에 집중하고 있어요'라는 모습을 유지하면서 질문은 간결히 하여 상대방이 더 많이 말하도록 유도하는 것이다.

내가 적정 거리를 지키면 오히려 상대방이 그 거리를 점점 좁혀 와서 어느새 꽤 친밀한 사이가 되어 있곤 한다.

무언가를 정해야 하는 대화에서도 표면적으로 상대방이 결정하도록 유도한다. 이 또한 상대를 주연으로 만드는 교제 방법이다. 그렇다고 상대방이 말하는 대로만 따르라는 것은 아니다. 기실은 내가 원하는 것으로 결정되지만, 상대방에게는 이쪽이 결정했다는 인상을 주지 않는다는 점이 핵심이다.

예를 들어 점심으로 초밥이 먹고 싶을 때 상대방과 다음처럼 대화하면 좋다.

"점심 식사는 어떻게 할까요? 뭘 좋아하세요?"

"파스타 어떠세요? 파스타 잘하는 집을 찾았거든요."

"그래요? 그런데 사실 어제 이탈리아 요리를 먹었어요."

"그렇군요. 그럼 일식이 좋겠네요. 어때요?"

"네, 저도 일식이 당기네요."

"그럼 장어 먹을래요? 이 근처에 장어덮밥으로 유명한 집을 하나 알아요."

"죄송해요. 점심에는 장어가 조금 과할 것 같아요."

"음… 듣고 보니 저도 그러네요. 그럼 역시 초밥이 적당할 것 같네요. 걸어서 15분쯤 가면 꽤 고급 생선이 나오는 회전초밥집이 있어요. 회전초밥치고는 조금 비싸지만."

"오, 좋아요! 거길 가보죠."

자신이 먹고 싶은 쪽으로 상대방을 몰고 가는 유도식 화법처럼 들릴지도 모르지만, 매번 이렇지는 않을 것이다. 상대방이 원하는 방향으로 이루어지는 날도 물론 있다.

포인트는 늘 상대방을 '주연'으로 받들며 대할 것. 대화가 이루어지는 무대에서 상대방에게 오롯이 조명을 비춰주어야 한다. 대화 도중에는 상대방의 기분을 계속 살펴 언짢지 않게 대화에 임하고 있는지도 확인하자.

이러한 '배려의 대화법'은 친구 사이, 부부 사이, 부모와 자식 간에도 통하는, 인간관계를 원활하게 하는 비결이다.

감사와 칭찬의 말로
부부 관계를 돈독히 하자

"살면서 지금까지 본 것 중에 가장 아름다웠던 정경은 팔짱 끼고 걷는 노부부의 모습이었어요."

전설적인 여배우 그레타 가르보가 한 말이다.

요즘에는 나이가 지긋한 부부가 함께 다니는 모습을 자주 볼 수 있다. 같이 장을 보러 다니거나 시간이 날 때마다 여행을 가는 부부도 있다. 은혼식도 지났을 것 같은데 여전히 다정한 그들을 보면, 나도 모르게 슬며시 미소를 지으며 자꾸 쳐다보게 된다.

하지만 삐걱거리는 관계로 위태로운 결혼 생활을 하는 부부도 많은 게 현실이다. 정신과 진료를 받으러 오는 여성 중에는 남편이 퇴직 후 매일 집에 있어서 극도의 스트레스를 받는 사람도 있다. 빈둥대며 시간을 보내는 남편의 모습이 보기 싫다고 토로한다.

지금의 노인 세대 중에는 결혼하자마자 아이가 생겨 달콤한 신혼 생활을 얼마 누리지 못하고 결혼이라는 '현실'에 찌든 부부도 많다. 이런 부부는 자식들이 독립하고 나면 말도 하지 않고 냉담하게 지낸다. 그때까지는 '자식'이라는 연결고리로 결혼 생활을 버텨왔던 것이다. 그런데 이처럼 평소 소원했던 부부도 갑자기 한쪽이 병이라도 걸리면 그동안 몰랐던 부부 관계의 소중함을 깨닫기도 한다.

오랜 결혼 생활 끝에 별거를 고려하는 부부가 있었다. 아내는 오래전부터 이혼하고 싶은 마음이 컸지만, 전업주부로 한평생을 살아온 터라 이혼 후 경제적으로 자립하기가 막막했다. 두 딸의 취직이나 결혼 등 자식들의 장래에 대한 걱정도 뇌리를 스쳤다. 그래서 쉽게 갈라서지는 못하고 '집 안 내 별거'라고 할 만큼 남편과 서로 남남처럼 지내왔다.

50대 후반쯤 되어 아내가 그만 암에 걸리고 말았다. 그러자 남편은 뜻밖에도 매우 충실히 간병을 시작했다.

평소에는 서로를 있으나마나 한 존재로 여기거나 오히려 무뚝뚝하게 대했지만 막상 아내가 아프니 그 존재가 새삼 소중하다고 깨닫게 된 것이다. 그 후 두 사람의 관계도 마치 봄이 와 얼음이 녹듯 개선되었다.

냉랭하게 지낸 시간이 꽤 길어도 오랫동안 같은 시간을 공유하면서 모르는 사이에 정이 쌓였기 때문에 사이가 좋아진 것은 아닐까 싶다.

그러나 평소에 서로의 마음을 전하며 살았더라면 두 사람의 관계는 좀 더 빨리 회복될 수 있지 않았을까?

둘이 함께 살기로 한 이상, 반목하며 살면 무엇이 좋겠는가? 더구나 자식들이 성장해 부모 곁을 떠나면 그때부터는 쭉 단둘이 지내야 한다. 앞으로 남은 길고 긴 노후를 위해 부부 관계를 더 재미있고 생기 있게 만들어보자.

작은 노력으로도 충분히 좋아질 수 있다. **특히 관계의 회복에 감사의 말과 칭찬만큼 효과적인 치유제는 없다. 그러니 평상시에도 서로 '고맙다'는 말을 자주 나누자.**

예를 들면 "거기 신문 좀 집어줘."라고 부탁했을 때, 아내가 신문을 가져다주면 아무 말 않거나 그저 "응."이라고 대답하지 말고 "고마워."라고 한다. 아내가 아침밥을 차려줄 때도 아내가 할 일을 당연히 했다고 생각하면 안 된다. 그럴 때도 "늘 고맙게 생각하는 것 알지?"라고 감사를 표현한다. 이러한 작은 노력이 부부 관계를 바꿔준다.

칭찬도 아끼지 말자. 아내가 외출복을 차려입으면 "오, 당신 예쁜데!"라고 한마디 해주자. 텔레비전 시사 프로그램을 보는데 남편이 아는 체를 하면 "당신은 정말 아는 것도 많네."

라며 남편의 자존심을 높여주자. 실없는 소리 같지만 아주 중
요하다. 사소한 노력을 반복해가는 동안 부부 관계는 서서히
회복된다.

정년퇴직을 한 지인은 아내와 의논하여 집안일이나 아내가
도맡았던 일들을 분담하기로 했다. 덕분에 아내에게 '고물' 취
급 받지 않고 평화로운 일상을 보낸다며 웃었다.

또 다른 지인은 남편이 퇴직하자, '서로 일주일에 하루는
자유롭게 외출해도 좋다'는 규칙을 정했다. 지인이 외출하는
날에는 남편이 저녁 준비를 담당하기로 했다고 한다.

퇴직한 남편을 둔 아내가 스트레스를 받는 가장 큰 이유는
남편은 집에서 하는 일도 없는데 여전히 자기만 집안일에 쫓
기고 있기 때문이다. 살림을 절반씩 분담하는 게 쉽지 않겠지
만 아내를 조금이나마 돕고자 한다면 아내도 이를 알고 화가
누그러지지 않을까?

아내도 남편이 집안일이 익숙지 않다고 타박하지 말자. 용
기를 북돋우고, 칭찬해주자.

지금까지 그래왔듯 앞으로 남은 기나긴 인생도 함께할 사
람은 배우자뿐이다. 이 귀중한 인연을 더 소중히 여겨 앞으로
도 멋진 부부의 역사를 써나가자.

자식이나 손주들과
현명하게 교제하는 법

미국의 실업가 집안 록펠러가. 석유 회사를 설립하여 거부가 된 J.D.록펠러를 시조로 하는 이 집안은 세계적 규모의 경제활동 및 정치활동·자선사업으로 유명하다.

그런데 "우리 집은 록펠러가와 같은 가풍을 가지고 있어요."라며 밝게 웃는 한 여성이 있다. Y씨는 남편과 생각이 달라 젊은 나이에 이혼했다. 그녀는 결혼 후에도 계속 일을 하고 싶었지만 남편은 아내가 직장을 그만두고 오로지 내조에만 전념하기를 바랐기 때문이다. Y씨는 이혼 후에도 본업을 유지하며 홀몸으로 두 자식을 번듯하게 길러냈다.

나는 Y씨에게 그녀가 좋는다는 록펠러가의 가풍에 대해 물었다. 그녀가 이렇게 대답했다. "자식들이 어른이 될 때쯤이면 부모의 돈에 의지하지 않는다는 것이죠."

록펠러가에서는 아들이든 딸이든 18세가 되면 모든 면에서 완전히 자립하는 것이 가풍이라고 했다. 경제적인 부분에서도 마찬가지이다. 그래서 대학 입학금이나 등록금을 마련할 때에도 부모의 손을 빌리지 않고 직접 아르바이트를 하거나 장학금을 받아 졸업한단다.

생물의 존재 의의에는 '자손에게 기술과 지혜를 계승하기'도 포함되어 있다. 단지 자손을 낳기만 하면 되는 것이 아니라 자손이 스스로 먹이를 잡고 적으로부터 몸을 지키는 기술이나 제대로 살아갈 지혜를 가르쳐 자립하게 도와야 한다. 그렇게 자란 후대는 그 다음 세대에게 기술과 지혜를 전달한다. 이 연쇄가 수억 년 동안이나 계속되어 풍요로운 생태계가 만들어졌다. 인간도 예외는 아니다.

Y씨는 '18세가 되면'을 '직장인이 되면'으로 조금 늦췄지만 록펠러가처럼 자식들의 직업이나 배우자 선택은 물론 손주가 태어나도 양육에 일절 참견하지 않는다. '자식들에게는 그들만의 인생이 있다'는 생각을 철저히 고수하고 있다.

간단해 보이지만 결코 쉬운 일이 아니다. 주위를 살펴보면 노후에도 체력이나 정신력, 그리고 경제력도 거뜬한 사람들이 늘어났다. 그런데 그렇게 '남아도는 힘'을 자신이 아닌 자녀나 손주들에게 지나치게 쏟아붓고 있는 것은 아닐까 하는 생각도 든다.

아내의 친구 중에는 손주들을 돌보느라 자기만의 시간이 없는 사람이 있다. 노후에는 편히 쉬나 싶었는데 딸이 맞벌이를 하기에 자신이 손주들의 육아를 도맡을 수밖에 없었다고 한다. "친구네 엄마들은 척척 손자들을 봐주시던데…"라며 딸이 부탁을 해오기도 했다. 만약 아내의 친구도 록펠러가의 가풍을 지향했다면 "계속 일하고 싶으면 네 스스로 재량껏 아이를 맡길 곳을 찾아라."고 단호히 거절했을 텐데 말이다.

그뿐인가? 아들이 집을 사고 싶다고 하면 흔쾌히 보증금을 내주거나 여윳돈이 생겼다며 차를 사주는 사람도 있다.

이처럼 자식들이 커서도 뒤를 봐주는 부모들이 많다. 하지만 이런 관계는 부모에게도 자식들에게도 결코 좋지 않다.

부모가 자식에게 경제적인 지원을 하면 자기도 모르게 시시콜콜 참견도 하고 싶어지는 것이 인지상정이다. 하지만 자식의 생활 방식이나 손주들의 교육 방침에는 '노터치'가 좋다. 아무리 '사랑해서' '더 잘됐으면 해서'라고 해도 성장한 자식 입장에서는 조언은커녕 잔소리로 들린다.

부모든 자식이든 서로 지나치게 의존하는 관계는 만들지 말자. 물론 위급한 상황이거나 어쩔 수 없을 정도로 힘들 때는 언제든지 든든한 아군이 되어 원조를 아끼지 않는다.

록펠러가의 가풍을 지향하는 Y씨에게 배우고 싶은 점이 또하나 있다. 늘 자식들과 즐거운 시간을 갖기 위해 적극적으로 노력한다는 점이다. 예를 들면 1년에 한 번은 아들과 딸, 그들의 가족 모두를 데리고 2박 3일로 가족 여행을 떠난다. 또 자식이나 손주의 생일에는 다른 날보다 호화로운 식사 모임을 가진다. 비용은 그녀가 부담한다.

　"자식들과 사위, 며느리, 손주들 모두 인연이 있어서 우리가 가족이 되었다고 생각해요. 언제까지나 지금처럼 행복한 가정을 이루며 지내고 싶어요."

　화기애애한 Y씨네 가족을 보면 나도 더 나이가 들어서도 가족과 함께 즐기는 시간을 자주 갖고 싶다.

소원했던 친척에게
먼저 연락을 해보자

요즘은 외동아들이나 외동딸이 흔하고 형제자매가 있어도 고작해야 1~2명 정도다. 친척 간의 왕래도 상당히 줄었다. 그래서인지 과거와 다르게 혈연 간의 유대 관계가 상대적으로 희미해졌다.

"제 세대에는 친척 간의 교류도 빈번했어요." P씨는 언니 하나, 남동생이 둘인 4남매 집안에서 태어났다. 그러나 P씨와 형제자매의 자녀 수를 살펴보면 두 자녀를 둔 가족이 두 집, 외동아이인 집이 두 집이다. P씨의 조카 세대까지 살펴보면 아직까지 아이를 낳은 조카는 2명으로 그들의 자식은 각각 외동아이다.

"조카 손자는 둘 다 외동아들이라서 둘이 형제처럼 자랐으면 좋겠어요." P씨가 말했다.

P씨는 퇴직을 앞두고 있을 무렵, 정기적인 가족 모임을 제안했다. 형제자매 모두 비슷하게 정년이 다가오는 나이라 노후의 시간을 어떻게 재밌게 보내면 좋을지 고민하던 차에, 그녀의 제안은 아주 적절했다. 모두 흔쾌하게 제안을 받아들였다. 지금은 1년에 서너 번 언니와 남동생들, 그들의 배우자, 그리고 그들의 자식들까지 일가친척이 모여 식사 모임을 갖거나 온천 여행을 가곤 한다. P씨의 조카 손자들끼리는 사이가 아주 좋아서 이번 여름 방학 때는 둘이 함께 캠핑을 가기로 했단다.

  P씨를 비롯하여 형제자매 모두 수도권에 살고 있어서 비교적 자주 만날 수 있지만, 그녀는 고향에 사는 멀리 떨어진 친척과도 더욱 자주 만났으면 좋겠다고 했다. P씨는 어릴 적부터 사촌들과 동기간처럼 자라서 지금도 때때마다 왕래하며 지내고 있다.

  자녀가 외동아이인 경우는 나중에 혼자 남을 아이를 위해서라도 친척과의 교류를 중요시하자. 지금까지 친척들과 소원했다면 내가 먼저 찾아가 교류를 재개해보자.

  결혼식이나 제사 같은 관혼상제의 경우, 일가 사람들을 한자리에 모이게 하여 친척 간의 유대를 돈독히 해주는 긍정적인 기능도 있다. 그러나 요즘에는 간소화하거나 생략하는 집들도 늘어서 그런 기회마저 줄었다.

　모처럼 고향 친척들을 찾아뵙는 건 어떨까? 꼭 명절 때가 아니더라도 먼저 연락을 드려 약속을 잡아보자. 요즘에는 지역 곳곳에서 특산물 축제도 많이 열리니 겸사겸사 나들이도 하면서 반가운 얼굴들과 재회하면 일석이조가 아닌가.

힘들 때는
솔직하게 도움을 청하라

여기 두 사람이 있다. "아무에게도 신세 지지 않을 거야. 더 늙어도 뭐든 혼자 해볼 작정이니 너희들은 신경 쓰지 않아도 돼."라고 자식들에게 큰소리치는 노인, "내가 힘들 때는 도와줘, 부탁해."라고 말하는 노인. 당신은 어느 쪽에 가까운가?

만일 전자와 같이 '끝까지 마이웨이'라는 입장이라면 이제부터는 생각을 유연하게 바꿔보자. **힘들 때는 "도와줘"라고 말하는 편이 더 현명하다.**

나이가 들어서도 독야청청하게 살고 싶은 마음이야 이해한다. 현역 시절에 비해 몸과 정신이 둔해졌음을 알기에 그럴수록 더욱 남에게 손 빌리지 않고 뭐든 스스로 하고 싶은 마음일 것이다. 그러나 자신을 컨트롤하는 능력이라든지 혼자서도 척척 어떤 문제를 해결하는 능력은 기력이 쇠해지는 것과 동시에 무너질 확률이 높다. 젊었을 때와는 엄연히 다르다. 그렇다고 누군가에게 의존하라는 말이 아니다. 우선은 스스로, 최선을 다해보려고 하되 '가능한 선'에서 해결하자. 지나치게 애써야 할 일이라면 주변에 도움을 청하는 게 맞다.

N씨는 "아무에게도 신세 안 질 거야!"를 입버릇처럼 말하던 어머니가 치매에 걸리자 간병을 위해 오랫동안 몸담았던 일도 포기할 수밖에 없었다. 어머니를 옆에서 지켜보면서 그 누구도 '아무에게도 신세 안 지겠다'고 단언할 수 없다는 사실을 절실히 깨달았다.

N씨 또한 이제는 '노후'라는 말이 어색하지 않은 나이에 접어들었다. 그녀는 무슨 일이든 심하게 애쓰지 않도록 주의를 한다. '도움의 손길은 언제나 환영'이라는 게 N씨의 지론이다. 누가 "도와드릴까요?"라고 제안하면 "괜찮아요."라고 물리치지 않고 "고마워요. 정말 큰 도움이 돼요."라고 솔직하게 받아들인다. 그러면 상대방도 매우 기뻐한다는 사실을 깨달았기 때문이다. 나이 든 사람의 이러한 솔직함, 융통성이 다른 사람에게 인간적으로 보이게도 한다.

노화는 한 걸음 한 걸음 다가온다. 이를 자연스럽게 받아들이고 부족한 부분은 남의 도움을 받아가며 있는 그대로 사는 것도 자기답게 사는 방법이다.

98세의 천수를 누린 작가 우노 치요는《사는 행복 늙는 행복》에서 이렇게 말했다.

때에 따라 주변의 도움을 잘 빌릴 수 있는 유연한 노인. 그런 모습을 지향해야 하지 않을까?

4장

마음을 흩뜨리지
않는 삶의 방식

과감히 버려야 인생이 풍요로워진다

과거에 집착하면 할수록

우리의 삶은 이상하게 뒤틀릴 것이다.

-달라이 라마

가장 빠르고 쉬운
기분 전환법은 집 정리

　이런 상황을 상상해보자. 지인이 갑자기 전화를 걸어서는, 당신 집 근처에 잠깐 왔는데 들러도 되냐고 묻는다. "물론이죠. 기다리고 있을게요."라고 주저 없이 대답할 수 있는가? 아니면 "아, 안돼요! 내가 나갈게요!"라며 허둥지둥할 것인가? 당신은 어느 쪽인가?

　잘 정리된 집은 대부분 그 집에 사는 사람의 상태를 반영한다. 구석구석 말끔히 닦인 바닥, 제자리에 착착 열 맞춰 놓인 집기들은 그 집에 사는 사람의 마음 또한 잘 정리되어 있고 안정되어 있음을 보여준다. 반대로 발 디딜 틈도 없이 집 안을 어지럽히거나 불필요한 물건을 쌓아두는 사람이라면 대체로 머릿속이나 마음속도 마구 뒤얽혀 있을 가능성이 높다.

　일전에 집 안에 잡동사니를 쌓아두는 사람들에 대한 텔레비전 다큐멘터리 프로그램을 본 적이 있다. 낡아빠진 셔츠에서부터 먹고 남은 과자봉지까지 온갖 불필요한 물건을 버리지 못하고 계속 쌓아두었다. 한눈에 보기에도 증상이 심각했다. 집 주인들의 정신 상태를 분석해보니 강박 장애를 앓고 있는 사람들이 많았다. 고독사한 사람이나 은둔형 외톨이인 사람의 방 또한 흡사 쓰레기장을 방불케 한다.

집 안을 한번 둘러보자. 고장 난 전자제품을 방치하고 있지는 않은지, '언젠가 쓰지 않을까?'라는 생각에 처분하지 못한 물건은 없는지 살핀다. 몇 년 동안 한 번도 입지 않고 서랍 안에 처박아둔 옷은 없는지도 점검하자.

주변 정리를 못 하는 사람은 '쾌적하게 살아야지' '기분 좋게 살아야지' 하는 마음을 상실한 경우가 많다. 잠깐만 치우면 그만인데, '될 대로 돼라'는 태도로 살아간다. 집 정리도, 마음 정리도 제대로 하지 못하면 극단적으로는 치매나 우울증으로 발전하기 쉽다.

왠지 기운이 없는 날에는 일부러라도 주변을 정리해보자. 책상 위라든지, 부엌만이라도 정리한다. 장소를 제한하면 1시간 안에 충분히 다 치울 수도 있다.

웬만큼 정리가 끝나면 기분 전환이 되어 '이제 책을 좀 읽어야겠다' 혹은 '잠깐 외출이라도 할까?'라고 새로운 기운이 솟아난다.

인생의 전환기에
대청소를 하라

주변 정리를 하면 마음속까지 깨끗이 정리된다. 주변 정리와 심리 상태에는 깊은 연관이 있기 때문이다. 이런 사실이 알려지면서 요즘에는 '정리술' 붐까지 일고 있다.

인도의 부유층들은 일정 나이에 이르면 그때까지 가지고 있던 것들을 조금씩 정리해나가는 수행을 한다고 한다.

이 수행은 가지고 있던 것을 떠나보내는 행위를 통해 노화나 앞으로 다가올 죽음을 맞이하기 위한 마음의 준비를 하는 것이기도 하다. 지니고 있던 물건을 조금씩 줄여나감으로써 홀가분하고 쾌적한 매일을 보낼 수 있다.

사람은 나이가 들면서 체력과 정신력, 경제력 등 모든 면에서 서서히 내리막에 접어든다. 이를 고려하여 물건이든 집이든 '차고 넘치는 정도'보다는 '혼자 감당할 수 있는 정도'만 소

157

유하는 것이 좋다. 간소한 삶이야말로 노후의 체력과 정신력, 경제력에 맞는 생활 사이즈라고 할 수 있다.

50세를 맞이하는 해나 정년이 된 해 등 노후를 향한 전환기에 접어들 때, 자신의 주변을 대대적으로 정리해보자.

일본의 영화배우 다카미네 히데코는 55세에 연예계를 은퇴했다. 그녀는 그때까지 살던 대저택을 떠나 작은 집으로 거처를 옮겼다. 배우 생활을 그만두면 이제 연예계 손님들이 자주 드나들 일도 없으니 넓은 집은 무용지물이라고 생각했기 때문이다. 호화로운 가구도, 손님을 접대하기 위한 식기류 등도 더 이상 필요 없다고 전부 처분했다.

심지어 남편인 각본가 마츠야마 겐조의 100개가 넘는 트로피까지 버렸다고 하니, 그 결단과 과감함이 놀랍기만 하다.

인생의 전환기에는 그때까지 쌓아두었던 것을 정리하고 꼭 필요한 물건만 남기자. 학창 시절, 신학기가 되면 교실 대청소를 하던 기억이 있지 않은가? 새 학년, 새 학기의 시작을 대청소와 함께했던 것처럼 인생의 전환기를 대청소로 기념하자.

사는 집의 크기에 따라서 대청소 때 처분의 기준이 다르겠지만 이 점을 기억하면 유용하다. 수납공간의 80%까지만 물건을 보관하는 것이다. 그것도 빽빽하게 채운 80%가 아니라 여유를 둔 채 말이다. 또한 선반이나 바닥 위에 올려놓은 것, 쌓아둔 것을 최대한 줄인다.

소유물이 줄면 물건을 한눈에 파악할 수 있어서 '그게 어디 있었더라?'며 물건 찾는 데 시간을 허비하는 일도 차츰 덜해진다. 그것만으로도 자신의 생활 전반을 컨트롤하고 있다는 기분이 든다.

대청소 후에는 늘 말끔하게 정돈된 상태를 유지하도록 노력하자. 정리가 잘되었는지 따져볼 때에는 언제, 누가 집에 방문해도 기분 좋게 맞이할 수 있는지 자문해본다.

정리가 잘된 상태라면 흔쾌히 "물론이에요. 들르세요."라고 대답할 수 있을 테니 말이다.

노후 자금은 걱정한다고
해결되지 않는다

일본에서는 노후 자금으로 3,000만 엔 정도가 필요하다고 한다. 5,000만 엔은 있어야 한다는 사람도 있다우리나라에서는 노후 자금으로 약 5억~8억 원 정도를 이야기한다. 이런 이야기를 들을 때마다 자신의 저금통장을 떠올리고 안색이 어두워지는 사람도 있을 것이다.

하지만 대중 매체가 전하는 수치는 평균이거나 혹은 이상적인 금액이다. 누구나 그 정도라면 노후 생활이 문제없는 금액이라고 할 수 있다. 아무리 이상적인 숫자가 그렇더라도 결국은 자기가 가진 돈으로 인생을 살 수밖에 없다.

지금 내 손에 없는 것은 그저 '그림의 떡'이다. 비단 돈 문제뿐만 아니라 인생 전반에 적용할 수 있는 정신이다. 정년퇴직을 앞두고 있다면 자신의 지갑이나 저금통장의 사정을 정확하게 파악해야 한다. 없는 돈을 만들어낼 수는 없기 때문이다.

기초연금이니 국민연금이니 연금의 종류마다 다르지만, 퇴직 후 연금으로 생활하기 시작하면 현역으로 일할 때 수입의 60% 정도밖에 되지 않는다고 생각해야 한다.

또한 통계적으로 여성은 남성보다 수명이 길다. 게다가 남편보다 아내가 연하인 부부가 많은 편이므로 노후의 마지막 몇 년간은 여성 혼자 보낼 가능성이 높다. 혼자가 되면 자신이 연금 수급자가 아닌 이상 유족연금으로 살아가야 한다.

유족연금은 배우자가 생존했을 때보다 나오는 금액이 적다. 그때까지는 두 사람 몫이 나왔는데 유족연금은 한 사람의 몫만 나오기 때문이다. 또 혼자 산다고 해서 둘이 살 때의 반만 돈이 드는 것이 아니다. 주거비나 광열비 등 생활의 기본 경비는 혼자든 둘이든 큰 차이가 없다.

'혼자가 되었을 때도 잘 살아갈 수 있을까?'라며 앞날을 지나치게 걱정만 하기보다는 그 시간에 현실적인 준비를 해두자. 정년퇴직과 가까워지는 무렵에는 자식들도 거의 다 자라 교육비 지출에서 해방된다. 주택 대출금도 어느 정도 해결된다. 이렇게 고정적으로 빠져나간 돈을 슬슬 자신의 노후를 위해 전환하고 저축을 늘려야 한다.

만약 둘 다 자영업자였던 부부라면 노후에 국민연금으로

생활하다가 둘 중 한 사람만 남게 되었을 때 한 사람 몫의 국민연금으로 생활하는 것은 무리가 아닐까? 그러니 개인적으로 연금보험을 들어두는 등 노후에 필요한 준비를 해두자. 나이가 많아질수록 보험 납입금도 함께 올라가므로 가능하면 빨리 보험에 가입한다. 또 생명보험이나 의료보험 역시 보험료나 보장 내용을 꼼꼼하게 확인하면서 기존에 가입했던 보험 상품과 신상품을 비교하여 자신에게 적합한 상품으로 갈아타는 것도 방법이다.

아니면 일을 계속할 수 있는 방도를 마련해둔다. 일할 수 있는 동안은 어떻게든 일하고 그 돈을 노후를 위해 저금해두는 등 여러 가지 방법을 생각해 볼 수 있다.

4장 마음을 흩뜨리지 않는 삶의 방식

자기 자신을 위해
돈을 쓰자

　노후를 앞두었다면 노후 자금 준비를 최대한 해두는 한편 돈을 쓰는 방법도 재점검해봐야 않을까? 현역 때는 다달이 들어오는 월급 이외에 상여금도 가끔 받았고, 정년퇴직을 하면 퇴직금이라는 거금이 들어오기도 한다. 그러나 노후에는 연금이 수입의 전부인 사람이 많다.

　그렇다고 미리 움츠러들 필요는 없다. 앞서 이야기했 듯 정년을 앞둔 시기부터는 그때까지 가계에 큰 짐이었던 교육비나 주택 대출금에서 해방되기 때문이다.

　일본의 경우, 노인들은 의외로 저축액이 많다. 2008년 총무성 조사에 따르면 60대 이상의 평균 저축액은 2,346만 엔에 이른다고 한다. 한편 2008년 일본의 경제신문《닛케이플

러스원》에 따르면 자식이 부모에게 평균 2,200만 엔의 금융 자산을 상속받는다고 한다. 금융 자산이란 토지 등의 부동산은 포함되지 않고 저축액이나 주식만으로 보유하고 있는 자산을 말한다.

부모가 물려주겠다는 돈이 있다면 자식들이 군소리 않고 감사히 받으면 될 텐데 실제로는 그렇지 않은 듯하다. 가정재판소에는 재산 상속을 둘러싼 소송이 가장 많다고 한다. 그것도 막대한 유산을 둘러싼 분쟁이 아니라, 총 자산 몇백만 엔 정도의 소액 유산을 둘러싼 것이 대부분이다.

약간의 자산을 남기는 일이 오히려 부모와 자식들 간에 혹은 자식들끼리의 다툼을 일으킨다. 그렇다면 차라리 자기 선에서 말끔히 써버리는 편이 분쟁의 소지를 없애는 길이다. 그동안은 자식을 위해 돈을 써왔지만, 이제부터 '자기 자신의 인생을 풍요롭고 즐겁게!'라고 가치관을 바꾸어보자.

'식스 포켓six pocket'이라는 말을 들어본 적이 있는가? 1990년대 일본에서 등장한 신어로 요즘 아이들에게는 '6개의 주머니'가 있다는 뜻이다. 6개의 주머니란 부모라는 주머니 2개, 친조부모라는 주머니 2개, 외조부모라는 주머니 2개를 합한 것으로 한 아이를 위한 돈이 이 6명의 주머니에서 나온다는 말이다. 자식에게 더 이상 돈 들일 일이 없어지니 손주가 태어나자 이번에는 손주들에게 돈을 쓴다. 장난감부터 유명 브랜드의 옷, 심지어 교육비까지 부담한다. 좋은 할아버지, 할머니가 되고 싶은 마음도 충분히 이해한다. 그렇지만 어지간히 여유가 있지 않다면 퇴직금이나 연금으로 노후를 꾸려가야 하므로 좀 더 융통성을 챙길 필요가 있다. 손주들에게 가끔씩 용돈을 주는 정도라면 모를까, 만날 때마다 "뭐가 갖고 싶니?"라며 달콤한 말을 건네는 것은 손주들을 위해서도 좋지 않다.

노후에는 자신을 위해, 혹은 부부 두 사람을 위해서 온전히 돈을 쓴다는 생각으로 전환하고 지금보다 한 단계 업그레이드된 인생의 즐거움을 맛보도록 하자.

'고수익 보장 투자'는
일절 관심을 갖지 말라

일본인이 장롱 속에 쌓아둔 개인 자산이 무려 1,400조 엔에 달하며 그 대부분은 고령자가 가지고 있다고 한다. 도대체 그 많은 돈이 어디에 있을까? 우리 집 장롱 속도 한번 뒤져보고 싶어진다.

이 점을 알고서일까? 많은 고령자들이 '장롱 예금'의 피해 대상이 되고 있다. 사람들은 돈을 충분히 갖고 있다고 해도 웬만해서는 만족하지 못한다. '이걸로는 마음이 좀 불안해' '재산을 더 늘리고 싶어'하는 마음을 누구나 갖고 있어서 이런 심리를 파고들어 '고수익이 보장되는 투자가 있다'는 식의 달콤한 말로 고령자들을 꾀는 전화가 걸려온다. 특히 노후에는 낮에 집에 있는 사람이 많은데다 시간적인 여유도 있기 때문에 투자 이야기에도 귀를 기울이게 된다. 혼자 사는 노인 중에는 외로움을 못 이기고 은행이나 증권회사에서 걸려온 전화나 방문에 자기도 모르게 마음을 허락하고 마는 사례가 적지 않다.

한참 이야기를 듣고 있다 보면 "이렇게 좋은 이야기를 해주러 여기까지 왔는가."라며 솔깃해서 바짝 다가앉기도 하고, '이렇게 친절하게 설명해주었는데 거절하기 미안해서…' 하고 돈지갑을 열고 마는 것이다.

누구나 다 아는 금융기관에서 나온 사람의 말이니 수상하지 않을 것이라고 과신하는 사람이 많다. 믿을 만한 기관의 사람이니 아예 터무니없이 거짓된 이야기를 하지는 않겠지만 투자에는 항상 이익과 위험이 비례한다는 원칙을 명심해야 하겠다. 세상에 그렇게 쉬운 돈벌이가 어디 있겠는가? 수익이 높으면 그만큼 위험 부담도 크다.

수익이 높은 투자를 했으니 금세 이익을 보겠거니 싶었다가 그렇지 않으면 크게 낙담한다. 또 노후를 위해 금쪽같이 모은 돈을 전부 투자했다가 날린 후 우울증에 걸린 사례도 드물지 않다.

높은 수익이 기대되는 투자, 즉 위험성이 높은 투자는 그 돈이 없어져도 크게 상관없는 '잉여 자금'의 범위 안에서 하자. 남아도는 돈이 없다면 애초부터 투자 이야기 따위에 관심을 보여서는 안 된다.

'보지도 듣지도 말하지도 않는다'. 사실 투자에 있어서 이러한 태도가 기본이다. 투자 이야기에 일절 관심을 갖지 않으면 마음이 흔들릴 이유도 손해 볼 일도 없다.

가끔씩 손해를 감수하고 복권을 사는 정도는 봐줄 수 있다. 하지만 내 주변에서 복권으로 큰돈을 땄다는 사람은 아직 한 번도 본 적이 없다. 당신의 주변은 어떤가?

복권 또한 당첨이 안 돼도 웃어넘길 수 있을 정도의 한도에서 산다. '1억이 당첨되면 이거 해야지, 저거 해야지'라고 꿈이나 야무지게 꾸자.

4장 마음을 흩뜨리지 않는 삶의 방식

금전 관리는
누가 해주는 것이 아니다

'노인 대상 보이스피싱으로 ×천여만 원대 사기'

요즘 신문에서 자주 등장하는 기사 제목이다. 간략히 말하자면 보통 이런 식이다.

어느 날 검찰·경찰 등 수사기관이나 금융회사 직원을 사칭한 사람에게 전화가 온다. 상대방은 주로 '당신이 범죄에 연루되어 조사를 받아야 하는데, 조사가 끝나면 돌려줄 테니 계좌에 있는 돈을 이체하라' 또는 '당신의 카드가 위조되었으니 바로 비밀번호를 바꿔야 한다'고 알린다. 상황이 촉급한 만큼 전화를 받은 사람은 당황하면서 상대방의 지시에 따라 돈을 송금하거나 자신의 계좌 또는 인증서 비밀번호를 알려준다. 그러고서 왠지 찜찜해 부랴부랴 은행에 알아보니 이미 계좌에서 몇 천만 원이 인출된 후였다. 뒤늦게야 자신이 보이스피싱 사기를 당했다고 깨닫는다.

내가 일전에 본 기사에서 보이스피싱 피해자는 혼자 사는 85세의 할머니였다. 이런 기사를 접할 때마다 금전 문제를 고령자가 스스로 판단하고 책임지는 것은 대단히 어려운 일이라는 사실을 실감하게 된다.

이 85세의 할머니가 치매를 앓고 있었는지의 여부는 알려지지 않았다. 그러나 설사 상대가 그럴싸하게 소속을 밝히고 이름을 댔다고 해도 생판 모르는 사람에게 자신의 계좌 비밀번호까지 알려주었다고 하니 제대로 된 판단력이 있다고 생각하기 어렵다.

치매 같은 질병으로 돈을 스스로 관리하게 어렵게 되었을 때를 대비한 제도는 갖추어져 있다. 대리인 제도 같은 것이다. 하지만 누가, 어떻게 '더 이상 혼자서 돈을 관리하기 힘들겠다'고 스스로 판단할 수 있을까? 이는 치매와는 또 다른 문제다.

내가 아는 한 여성 작가는 꽤 고령임에도 현역에서 왕성하게 활동하고 있다. 그녀는 70세가 되자 지금까지 알고 지낸 편집자 중에서 가장 믿을 만한 사람을 택해 그에게 제일 먼저 원고를 보내기로 했다. 그리고 이렇게 부탁했다고 한다. 원고를 읽다가 자신의 집필 능력에 조금이라도 문제가 생긴 것 같다고 느끼면 지체하지 말고 '펜을 놓아야 할 시간이 왔다'고 알려달라고 말이다.

금전 관리 문제도 제삼자의 입장에서 판단하고 분명히 알려줄 사람을 정해둘 수 있다면 좋겠지만 누구를 믿고 부탁할 수 있는지 정하는 것 또한 쉽지는 않다.

가족이나 친척은 의외로 객관적이지 못하고 자산 문제가 얽히기 때문에 오히려 불화의 불씨가 될 수도 있다. 막역한 친구처럼 친밀하고도 객관적인 입장의 사람에게 부탁하면 좋은데, 적당한 사람이 없다면 스스로 해결하는 수밖에 없다. 예금통장, 카드나 인감 등은 절대로 다른 사람에게 맡기지 말고, 필요할 때는 혼자서라도 금융기관에 가서 그곳 직원이나 상담사의 조언을 받아보자.

추억은
단출하게 정리하라

스마트폰이나 디지털 카메라가 널리 보급된 덕분에 요즘에는 너 나 할 것 없이 사진을 많이 찍는다.

지인 중 한 사람도 사진 찍기를 무척 좋아한다. 그는 퇴직 후 짬이 날 때마다 전국 각지를 여행하는데 어디를 가든 일단 찍고서 본다. 여행을 마치고 집에 돌아오면 찍어온 사진에다가 관광지의 입장권, 역에서 파는 도시락 포장지나 지역 맛집의 나무젓가락 포장지, 호텔 팸플릿까지 붙여서 사진첩을 만든다. "여행 한 번 다녀오면 사진첩 하나가 완성되지요."라며 웃는 그는 마치 사진첩을 만들기 위해 여행을 가는 것처럼 보일 정도이다.

이렇게 무언가에 열중하며 마음껏 즐기는 것은 좋지만, 먼 훗날 자신이 사라졌을 때를 생각해보자. 자기에게는 추억이 담긴 사진첩이지만 남겨진 사람에게 처치 곤란인 애물단지라는 사실을 기억하기 바란다.

지인은 이렇게 사진첩을 만드는 일 말고도 꼭 남기고 싶은 사진을 엄선해서 그것을 DVD로도 보존하고 있다. '내가 죽으면 사진첩은 처분해도 되지만 이 DVD만은 소중히 간직해 줘'라고 메모를 붙여두었다.

아무리 즐거웠더라도 **추억과 관련한 물건들을 산더미처럼 남겨둘 필요는 없다. 솔직히 추억은 마음속 깊이 간직하는 편이 더 낫다.**

이제부터는 여행지에서 카메라는 잠시 잊자. '이것도 찍고, 저것도 찍어야 해!'라며 연신 셔터를 누르거나 한 걸음 뗄 때마다 이내 브이 자를 그리며 '이 곳이 명당이니 나 좀 잘 찍어 줘'라던 버릇은 버리자. 대신 이동할 때의 설렘, 바람의 속삭임, 햇볕의 온화함, 빛과 그림자의 대조가 그려낸 풍경, 지역 별미의 군침 도는 냄새 등을 온몸으로 느끼고 오는 것도 좋다고 생각하는데, 여러분은 어떠한가?

쇼핑은
기분이 좋을 때 하라

J씨는 계절이 바뀌는 무렵이면 옷장 정리를 한다. 그때마다 불필요한 물건을 얼마나 많이 갖고 있는지 깨닫고는, '앞으로는 꼭 필요한 물건만 사야지'라고 결심한다.

그러나 1년이 지나면 원상 복귀. 또다시 진저리 날 정도로 물건이 많이 쌓인다. 만약 당신도 이러하다면 쇼핑 습관을 근본적으로 점검해야 한다.

우선 매일 쇼핑하는 습관을 버린다. 혼자 혹은 부부 두 사람만 살면 일주일에 한두 번의 쇼핑 정도로 일상생활에 필요한 물건은 대부분 충족되지 않을까?

또한 '싸다고 사지 않는다'를 원칙으로 한다. '특별 세일이어서' '덤으로 주니까'라고 샀다가 제대로 쓰지도 못하고 버리면 오히려 손해이다.

4장 마음을 흩뜨리지 않는 삶의 방식

대신에 조금 더 질이 좋은 물건을 사도록 하자. 식료품은 말할 필요도 없고, 옷도 '양보다 질'을 따져 구매한다.

어느 정도 나이를 먹으면 옷의 개수는 적어도 된다. 자기가 정말 좋아하는 것, 품질도 좋은 것을 골라 입는 습관을 들이자. 좋은 옷이라고 하면 디자인은 차치하고 대체로 소재가 좋고 견고하여 오래 입을 수 있다. 그래서 조금 더 비싸더라도 나중까지 생각하면 더 이득이다.

불필요한 물건을 충동구매하지 않기 위해서는 마음이 울적하거나 왠지 따분한 기분일 때는 쇼핑을 하지 않는다. 충동구매의 가장 큰 원인은 스트레스이다. 외롭거나 기분이 우울할 때 평소 같으면 엄두도 못 낼 비싼 물건을 사곤 한다.

기분이 좋지 않을 때 쇼핑하면 안 되는 이유가 또 하나 있다. 가게 직원은 손님이 기뻐할 만한 달콤한 말이나 미소로 다가온다. 손님을 기분 좋게 응대하는 것은 서비스 직종의 기본자세이기 때문인데 '외로운 마음'은 그런 말이나 미소에 동요되어 쉽게 설득당하고 만다.

기분이 좋은 날이 아니면 직원이 적극적으로 영업하는 가게에는 얼씬거리지 말자. 기분 좋은 날은 마음에 여유가 있고 정신적으로 안정되어 있어서 직원의 감언이설에 흔들리지 않는다. 자기가 정말로 마음에 드는 것 혹은 꼭 필요한 것만 골라 후회 없는 쇼핑을 할 수 있다.

기분이 좋지 않을 때 충동구매를 피하며 대신할 만한 방법이 있다. 꽃이나 디저트와 같은 달콤한 음식으로 기분을 전환하면 어떨까? 저조한 기분을 단숨에 드높이는 데 꽃이나 달콤한 음식만큼 효과적인 게 없다. 꽃 가게에서 마음에 드는 꽃을 골라 와 꽃병에 꽂아두면 집 안에서 오다가다 감상하는 것만으로도 한결 기분이 산뜻해진다.

또 우울할 때 초콜릿이나 조각 케이크 등의 달콤한 음식을 한입 맛보기만 해도 단번에 기분이 괜찮아지는 경험은 누구나 갖고 있을 것이다. 술을 좋아한다면 갖고 싶었던 명품 정종이나 와인을 사는 방법도 있다. 평소 수집하는 물건이 있다면 기분이 울적한 날에 수집품을 하나 늘려도 좋다.

지인 중에 부인과 사별하고 혼자서 노후를 보내는 사람이 있는데 얼마 전부터 미니카를 모으는 재미에 빠졌다. 처음에는 손자가 좋아해서 사주기 시작했는데 어느새 자신이 수집하고 있더란다. 요즘엔 구하기 어려운 미니카를 손에 넣은 날은 하루 종일 들뜬다고 한다. 왠지 기분이 별로인 날에는 미니카 매장을 쓱 둘러보는 일만으로도 나아진다며 활짝 웃었다.

4장 마음을 흐트리지 않는 삶의 방식

미식가 혹은
패셔니스타가 되자

병원 업무가 일찍 끝난 날에 들르는 단골 식당이 있다. 가끔 '나도 저렇게 나이를 먹고 싶다'라는 생각이 들게 만드는 노부부와 마주치곤 한다. 합리적인 가격으로 별미를 먹을 수 있는 식당에 세련된 옷차림으로 나타나는 부부이다.

며칠 전 남편은 사냥 모자를 쓰고 청바지에 가죽조끼, 밝은색 머플러를 둘렀고 아내는 긴 청치마에 전통의상을 리폼한 듯한 가벼운 재킷을 입고 있었다. 꾸민 듯 안 꾸민 듯한 옷차림이 자연스러운 모습이었다.

그들은 셰프와 담소를 나누면서 제철재료로 만든 요리 서너 가지를 시키고는 둘이서 사이좋게 나눠먹었다. 와인 한 병 정도를 마셔 살짝 취기가 올라온 정도에서 "셰프, 그럼 또 봄세."하며 미련 없이 자리를 떴다.

그날도 남다른 스타일의 부부가 음식을 즐기는 모습을 기분 좋게 흘깃거린 기억이 있다.

앞서 꼭 필요한 물건만 구매하고 기분이 좋지 않을 때엔 쇼핑을 피하라고 했지만, **기분 좋게 즐길 수 있는 곳에서라면 다른 지출을 약간 줄이더라도 적극적으로 쓰기를 추천한다.**

맛있는 음식은 몸도 마음도 건강하게 해준다. 제철 음식이나 햇과일을 먹거나 가끔은 근사한 정찬을 즐기자. 음식의 맛에 집중할 시간을 충분히 갖는 것도 마음을 풍요롭게 하는 데 도움이 된다.

세련된 옷차림이나 태도도 몸과 마음을 건강하게 해준다. 특히 외출복을 잘 갖춰 입는 것이 중요하다.

퇴직 후에는 집에 있는 일이 많고, 공식적인 자리에 나갈 일이 별로 없다. 편한 것이 제일이라며 후줄근한 차림으로 있을 때가 많다. 계속 그렇게 지내다가 오랜만에 양복을 차려입으면 어쩐지 어깨도 결리는 것 같고 넥타이도 답답하게 느껴진다. 그러나 노화는 그런 기분에 동반하여 서서히 찾아온다.

서양에서는 오페라를 감상하거나 영화를 보러 극장에 갈때 남녀를 불문하고 한껏 차려입고 나가는 풍습이 있다. **제대로 갖춰입으면 몸에 힘이 들어가 자연스레 어깨가 펴지고, 적**

4장 마음을 흩뜨리지 않는 삶의 방식

당한 긴장감도 생긴다. 캐주얼한 옷이나 평상복을 입었을 때는 별로 신경 쓰지 않았던 부분도 제대로 체크하게 되므로 나태했던 심신에 활력을 불어넣을 수 있다.

심리학에서는 '사람의 인상은 외모에서 50% 이상, 목소리 등에서 약 40%, 그 밖의 것 약 10%로 결정된다'고 한다.

말끔한 차림은 다른 사람들에게 긍정적인 인상을 줄 수 있다. 나이를 먹어도 잘 차려입고 외출할 것을 권한다. 원만한 인간관계를 만들려면 외모를 잘 가꾸는 것도 중요하다는 사실을 기억하자.

즐거움이 과하면
중독이 된다

노후 생활의 즐거움을 적극적으로 개척해서 노후를 충실한 시간으로 보내려는 노력은 언제나 바람직하다. 그러나 즐거움을 추구하려는 마음이 지나쳐 '중독'이라는 상태에 이르는 경우도 있다.

요즘 노인들 사이에 도박 중독이 눈에 띄게 늘고 있다고 한다. '손가락을 놀리면 뇌를 자극하여 치매가 예방된다'는 말을 듣고 노인정 같은 곳에서도 화투나 장기, 바둑 등을 두는 노인들이 많다.

잠깐씩 즐기는 정도면 좋을 텐데 놀이가 주는 즐거움에 심취해 그만 시도 때도 없이 하려고 한다. 그러다가 정도가 심해지면 돈을 걸기 시작한다. 건강을 위해 시작했던 놀이가 불건전한 도박으로 전락하고 만다. 돈내기의 스케일도, 처음엔

용돈 벌이의 수준이었다가 작정하고 달려드는 사람이 많아지자 점차 판돈도 커진다. 이렇게 자기도 모르는 사이에 조금씩 깊이 빠져드는 것이 도박의 위험이다.

화투뿐 아니라 내기 바둑, 포커, 경마, 경륜 등 도박의 위험한 덫은 우리 주변에 얼마든지 도사리고 있다. 일본의 경우 '파친코'가 대표적이다. 파친코는 쇠구슬을 구멍에 넣어 점수를 따는 비교적 간단한 게임이다. 혼자서도 게임을 즐길 수 있어서 일본에서는 보편적인 성인 오락으로 자리 잡았다. 2009년 일본생산성본부의 조사에 의하면 파친코를 즐기는 60세 이상의 사람이 약 430만 명을 넘었고 최근에는 급증하고 있다고 한다. 손님의 60% 이상이 노년층인 파친코점도 흔히 볼 수 있다니 놀랍다.

특히 정년퇴직 후에 시간이 남아돌거나 배우자와 사별하고 혼자 사는 사람 중에 파친코에 중독되는 경우가 많다. 일본에서는 2달에 한 번, 홀수 달의 연금 지급일에 평상시보다 많은 노인이 파친코점을 찾기 때문에 파친코 기계의 가동률이 보통 때의 2~3%를 넘는다고 한다.

파친코와 같은 놀이가 인기가 많은 이유는 대부분의 사행성·도박성 게임이 그렇듯, 게임할 때의 스릴감이 불안과 외로움을 잊게 한다는 점이다. 또 운 좋게 큰돈을 따기라도 하면 그때의 흥분을 잊지 못해서 '다시 한 번, 마지막으로 한 번만 더!' 하고 점점 빠져든다. 그러다가 어느 순간 정신을 차리면 도박에 중독되어 있는 것이다.

다음은 자신이 도박 중독인지 점검할 수 있는 셀프 진단 항목이다.

- □ 할 수만 있다면 매일 하고 싶다.
- □ 이제 그만해야 한다고 생각하지만 그만두지를 못한다.
- □ 지갑이 텅텅 빌 때까지 계속한다.
- □ 현금인출기에서 돈을 인출해가면서까지 계속한다.
- □ 가족 몰래 한다.
- □ 일이나 집안일 등 해야 할 일을 미루고 한다.

이 중에서 2개 이상의 항목에 체크했다면 도박 중독일 확률이 높다. 도박 중독은 시간이 갈수록 점점 더 심해지는 경향이 있다. 그냥 방치하면 언젠가는 생활비에 구멍이 나거나, 빚을 내서까지 도박을 계속하여 끝내는 생활이 파탄 날 것이다.

절친한 지인이 "친한 친구가 갑자기 10만 엔을 빌려달라고 울며 매달리는데 어떻게 해야 좋죠?"라며 의논해왔다. 지인의 친구는 마작에 빠져서 걷잡을 수 없이 빚이 쌓인 상태라고 한다.

어쩌다 그 지경까지 되었는지 지인에게 물어보니 지인의 친구는 남편과 헤어지고 외아들을 혼자서 길러왔는데 아들이 20세가 채 안되어 뇌출혈로 갑자기 사망했다고 한다. 이후 그럭저럭 시간을 보내기 위해 심심풀이로 시작한 마작이었다. 괴로운 심정은 충분히 이해하지만, 그렇다고 도박 중독에 빠지는 것까지 동정할 이유는 없다.

절친한 사람 중에 이런 사람이 있다고 해도 측은한 마음에 돈을 빌려주어서는 안 된다. 대신에 때때로 연락해서 함께 나들이라도 하거나 맛있는 음식을 나눠 먹으며 기분 전환을 하면 어떨까 싶다. 괴로운 마음을 잊을 수 있도록 살뜰하게 보살펴주는 게 진정한 우정이 아닐까?

같은 곳에
이틀 연속해서 가지 말라

도박 중독 말고도 알코올 중독, 인터넷 만남 사이트 중독 등 중·장년들의 중독은 다양한 형태로 만연해 있다. 예를 들어 이런 식이다.

정년퇴직이 가까워지면 퇴직 후의 생활이 뒤숭숭하게 느껴져 한두 잔의 술로 마음을 달랜다. 그러다가 술이 떨어지면 불안해하고 심한 경우에는 회사 책상 속에 휴대용 위스키를 넣어두기도 한다. 술을 마시지 않으면 생활이 어렵다.

퇴직 후에 집에 있으면 아내는, 오늘은 친구와 점심, 내일은 쇼핑을 간다며 밖으로만 나다닌다. 무료함을 핑계로 남편은 인터넷에서 시간을 때우다가 '데이트 사이트'에 들어간다.

4장 마음을 흩뜨리지 않는 삶의 방식

무엇에 홀렸는지 메시지를 보냈더니 답장이 왔다. 몇 번 메세지를 주고받다가 '얼굴이나 볼까?'라는 마음에 실제로 만난다. 그리고 아내 몰래 다른 여성과 만남을 시작한다….

드문 일 같지만 중·장년 사이에서 비일비재하게 일어난다.

'지루할 때만 가끔 하니까 괜찮아' '깊이 빠질 리 없으니 걱정 없어'라고 생각할 수 있지만 중독에 빠진 사람 10명 중 9명도 처음에는 그렇게 생각했다는 사실을 잊지 말자.

'중독'이 되는 상황을 예방하기 위한 단순한 방법이 하나 있다. '같은 곳에 이틀 연속해서 가지 않는다, 하지 않는다'를 철칙으로 삼는 것이다. '일주일에 두 번'이라고 횟수를 정하거나 게임을 할 때 판돈도 '한 번에 2천 원' 등으로 제한한다. 한 번이라도 어기면 그 달에는 더 이상 그곳에 가지 않거나 절대 게임을 해서는 안 된다는 벌칙도 정해놓자. 물론 벌칙은 엄격히 실행해야 한다. 이를 지키지 못하면 두말할 나위 없이 당신은 중독이 된 상태니 명심하기 바란다.

일단 중독에 빠지면 혼자서 벗어나기는 어렵다. 누군가의 도움이 반드시 필요하다. 정신과에서 전문의의 상담을 받는다든지, 중독 환자 모임에 참가해서 서로 격려하며 점차 중독을 극복하는 방법도 있다. 특히 알코올 중독은 전문 시설에 입소해서 알코올이 없는 생활에 적응할 수 있도록 전문가의 지원과 금주를 유지하는 환경의 도움을 받아야 한다.

매일 누군가와 만나서
대화하라

매일 밤 누군가의 목소리가 듣고 싶어진다. 그래서 일단 아는 사람에게 전화를 걸면 한 시간이든 두 시간이든 상대방이 '그만'이라고 할 때까지 계속 이야기한다. 이렇게 도를 넘은 '전화광'은 견딜 수 없을 정도의 외로움이 마음속에 숨어있는 경우가 많다.

스마트폰 문자 메시지, 메신저 애플리케이션을 통해서도 연락을 안 하는 것이 아닌데 굳이 전화를 건다. 문자 메시지는 언제든 보낼 수 있고 상대방도 시간이 될 때 읽을 수 있어서 서로에게 편리한 수단이다. 그런데 실제로 나누는 대화가 그리워 통화 버튼을 누른다.

그도 그럴 것이 문자 메시지로도 내용은 전달되지만 대화를 하면서 알아챌 수 있는 상대방의 숨소리나 미묘한 어감 같

4장 마음을 흩뜨리지 않는 삶의 방식

은 것은 전달되지 않는다. 이모티콘을 사용해봐도 역시 실제로 대화하는 것과는 차원이 다르다.

누군가와 대화하고 싶다는 마음을 억누르지 말자. 그런 바람을 숨기지 말고 설령 모르는 사람이라도 좋으니 하루에 한번 정도는 누군가와 실제로 만나 대화를 나누도록 하자.

혼자 살다 보면 누구와 이야기하면 좋을지 모를 수 있다. 하지만 마음만 먹으면 말할 상대는 주위에도 얼마든지 있다.

노후를 혼자서 보내고 있는 지인은 가능하면 집 근처 야채 가게나 생선 가게 등 동네 상점에서 장을 본다고 한다. 장을 보면서 잠깐이라도 가게 주인과 이야기를 나눌 수 있기 때문이다. "이 생선, 어떻게 요리하면 맛있어요?"라고 물으면 "매콤 달콤하게 조리면 맛있어요."라는 식으로 대답해준다. 이렇게 짧은 대화라도 나누다 보면 다음번에 그 가게 앞을 지나기만 해도 주인이 반갑게 말을 걸어줄 것이다.

요즘 도시에서 재래시장이 인기가 높아졌다고 한다. 재래시장에 익숙한 나이 든 손님은 물론 젊은 사람들도 많이 찾는다. 가게 주인이 처음 오는 손님들에게도 친근하게 말을 건네는 등 여전히 재래시장은 정감이 넘친다. 또 흥정을 하며 활력 넘치는 대화를 이어나갈 수 있다. 이러한 점이 재래시장 인기의 이유가 아닐까 싶다. 사람들과 직접 대화를 나누고 싶다면 재래시장에 가는 것도 좋은 방법이다.

병원에 갔을 때도 진찰을 기다리는 동안 묵묵히 있지 말고 옆 사람에게 말을 걸어보자. "오늘은 사람이 많네요. 아직 오래 기다려야 할까요?" 하고 자연스럽게 말을 건넨다.

이왕이면 자신과 연배가 비슷해 보이는 사람에게 말을 붙이는 게 수월할 것이다. 만약 대화를 시도했을 때 상대방이 "네." 하고 건성으로 대답하면 모르는 사람과 이야기를 나누고 싶지 않은 것이니 그쯤에서 대화를 중단하는 편이 낫다.

그러나 "그럴 것 같네요. 좋은 선생님이지만 찾는 환자가 너무 많은 것이 흠이에요."라고 웃으면서 대답할 때는 상대방도 당신과 대화를 즐기고 싶은 것이다.

잠깐이라도 누군가와 실제로 대화를 나눠보자. 별것 아닌 세상 사는 이야기라도 사람과 직접 마주하고 나누면 마음이 한결 밝아진다.

이런 날, 대화를 마무리하며 헤어질 때 하면 좋은 인사가 있다. "인연이 있으면 또…."이다. '옷깃만 스쳐도 인연'이라는 말도 있는데 하물며 바로 옆자리에서 대화를 나눈 사람과는 어지간히 깊은 인연이라고 생각한다.

"인연이 있으면 또…."라는 인사는 그런 인연의 소중함을 상대방에게 전달하는 말이다. 인연이 닿아서 다음에도 두세

번 마주치다 보면 진료를 마치고 귀가하는 길에 함께 차를 한
잔하거나 영화를 보러가는 등 좀 더 친밀한 관계로 발전할 수
도 있다. 얼굴을 마주보고 하는 대화에는 사람과 사람 간의
관계를 더욱 깊게 하는 힘이 있다.

나 홀로 노후는
고독이 아닌 자유로움

마침 비슷한 시기에 배우자와 헤어져 혼자가 된 지인이 두 사람 있다. 한 사람은 "매일 외로워요. 혼자 있으면 불안감도 커져요."라며 입만 열면 한숨이다. 다른 한 사람은 "혼자라서 자유로울 때도 있어요. 어제도 저녁에 영화 보러 갔다니까요."라며 늘 밝게 웃는 얼굴로 이야기한다.

10명의 사람들에게 이 둘 중 어느 쪽과 친구가 되고 싶냐고 물어보면 10명 모두 후자라고 답할 것이다. 전자와 함께 있으면 내 기분까지 가라앉는데 후자와 함께 있으면 건강하고 밝은 에너지가 나에게도 전달되기 때문이다.

무슨 일이든 명암이 같이 있기 마련이다. 아마 이 두 사람은 실제로는 비슷한 생활을 하고 있겠지만, 전자는 어두운 면을 먼저 보는 경향이 강하고, 후자는 밝은 면부터 보려는 경향이 강하다. 이러한 차이가 전혀 다른 말을 끌어낸다.

마음가짐의 차이는 말의 차이를 만들고, 자기 자신에게 미치는 영향도 다르다. 전자와 같은 사람은 종종 고독감을 견디지 못하고 마음 한구석의 어두운 병이 커져 실제의 병으로 발전하는 경우도 있다. 한편 후자와 같은 사람은 같은 상태에 있더라도 웬만해선 좌절하거나 무너지지 않는다.

이러한 차이가 타고난 성격에서 오는 것이라고 생각하는 사람도 있다. 물론 성격의 차이가 전무하지는 않으나 **상황이나 사물의 어두운 면부터 받아들일지, 밝은 면부터 받아들일지는 말하자면 '마음의 습관'에서 비롯된다.**

마음의 습관은 조금만 신경 쓰면 의외로 간단히 바꿀 수 있다. 마음은 우리의 상상 이상으로 유연하기 때문이다.

만일 자신이 상황이나 사물의 어두운 면부터 받아들이는 경향이 있는 것 같다면 한동안 의식적으로 밝은 면을 보고 표현하도록 노력하자.

예를 들어 아침에 일어났더니 감기 기운이 있는 것 같다. 그럴 때 '감기 걸린 것 같아. 할 일도 많은데 하필이면 지금…' 이 아니라, '감기 기운이 조금 있나? 이 정도라서 다행이야. 더 이상 심해지지 않도록 조심해야지'라고 전환하여 생각하자.

만사를 이런 식으로 긍정적으로 받아들이고 긍정적인 말로 표현하다 보면 사물의 밝은 측면부터 받아들이는 습관이 자연스럽게 몸에 밸 것 이다. 자신도 모르는 사이에 당신은 늘 밝고 긍정적인 사람이 되어 있을 것이다.

4장 마음을 흩뜨리지 않는 삶의 방식

좋은 상대만 있다면
황혼결혼도 좋다

얼마 전 정년퇴직을 한 C씨에게 문자를 받았다. 그녀는 내가 있는 병원에서 오랫동안 간호사로 일했다. 퇴직 후에 재택간호사로 새롭게 일을 구했다는 이야기를 전해들은 적이 있어서 그런 근황을 전하는 문자이겠거니 싶었는데 웬 사진도 한 장 첨부해왔다.

웨딩드레스를 입고 미소 짓는 C씨 곁에 한 남성이 서 있었다. 사진 속에서는 희끗희끗한 머리도, 잔주름도 가려져 있었지만 분명 C씨와 비슷한 연배로 보였다. 사진 아래에는 '이번에 결혼했습니다'라는 문장이 이어졌다.

C씨는 "결혼할 틈도 없었어요."라고 입버릇처럼 말하고 퇴직할 때까지 일만 하고 살아왔다. 일을 그만둠과 동시에 독신의 날도 그만두기를 기대했던 듯 결혼을 한 것이다. 나이 든

신혼부부가 환하게 웃는 모습을 보니 '잘됐네, 정말 잘됐어'라
며 감개무량한 마음에 벅차올랐다.

 '결혼적령기'라는 말을 쓰곤 한다. 이 말은 원래 결혼하여
아이를 낳거나 기르기 위한 알맞은 때와 연관이 깊다. 그러나
결혼의 의의는 아이를 낳는 것이 다가 아니다. 지금 같은 100
세 시대, 인생의 늦가을에 접어들어 단둘이서 함께 살고 싶다
는 바람, 그런 바람에서 비롯한 결혼도 각별하지 않을까?
 혼자 사는 것도 나쁘지는 않지만, 역시 둘이 함께 살아야
조금 더 즐겁다고 생각한다. 식사를 할 때는 특히 더 그런 생
각이 든다. "맛있네"라고 말할 수 있는 상대가 있는 식사와 마
음속으로 '맛있어'라고 생각하면서 묵묵히 먹는 식사는 '맛있
다'고 느끼는 정도에서 차이가 있을 것이다.
 어느 한 사람이, 혹은 두 사람이 다 이혼 경력이 있어서 전
배우자와의 사이에 자식이 있을 때, 결혼을 둘러싸고 자식들
과의 마찰을 걱정하는 사람도 있을지 모른다. 그러나 자식들
도 이제 거의 다 자라지 않았는가? '부모의 인생은 부모의 것'
이라 생각하며 부모가 행복하고 즐겁게 살기를 진심으로 바
라지 않을까?
 게다가 자식들이 보기에도 나이 든 부모가 혼자서 생활하
고 있으면 여러모로 신경 쓰인다. 외롭지는 않을지, 장을 볼

4장 마음을 흩뜨리지 않는 삶의 방식

때 불편하지는 않을지 걱정이 들 때가 있다. 그러나 좋아하는 사람과 함께 있는 부모를 보면 자식들도 훨씬 마음이 놓일 것이다.

만일 유산 분배에 대해 이러쿵저러쿵 말이 많다면 '부모의 자산은 부모의 것'이라고 자식들에게 못 박아두는 편이 좋다. 그래도 정 물려주고 싶다면 결혼 전에 자식들에게 어느 정도 증여해주는 방법도 있다. 또 유산 상속을 둘러싼 문제가 일어나는 것을 막기 위해 사실혼이라는 옵션도 생각해볼 수 있다.

즐거운 시간을 공유하면서 살고 싶은 상대를 만난다면 '이 나이에 새삼스럽게…' 하고 주저하지 말고, 서로 손잡고 한 걸음 내딛어보라.

행복을 향한 첫 발걸음을 내딛는 데 너무 늦었을 때란 없다.

5장

일상에서 실천할 수 있는 건강 관리

건강한 몸과 마음이 인생의 자산이다

쾌락도 지혜도 학문도,
그리고 미덕도 건강이 없으면
그 빛을 잃어 사라지게 될 것이다.

—몽테뉴

건강 관리의 기본은
매일 몸무게 재기

　오랜만에 동창회에 나가면 만나자마자 "지난번보다 살쪘네!" "이야, 자네도 제법 관록이 붙었는걸?" 하는 말이 여기저기서 들려온다. 여성들은 남성들에 비해 대놓고 말하지는 않지만 마음속으로는 같은 생각을 하고 있지 않을까?

　중년이 되면 생활수준이 높아져 입은 점점 고급화되고, 맛있는 음식을 먹을 기회가 늘어난다. 사람들은 보통 단것, 지방분이 많은 것을 맛있다고 느끼는 경향이 있는데 이런 음식들은 대부분 칼로리가 높다. 맛있는 음식에 이성을 잃으면 아무래도 칼로리를 과다 섭취하기 쉽다. 젊었을 때는 소화도 잘되고 운동량도 많아 웬만큼 많이 먹지 않는 이상 살이 찌지 않았다. 그러나 중년 이후에는 대사에너지도 운동량도 떨어진다. 같은 양을 먹어도 나이가 들면 쉽게 몸무게가 늘어난다.

나이가 들어 몸무게가 증가하면 심장 질환이나 고혈압, 당뇨병 같은 '생활 습관병'에 걸리기 쉽다는 사실은 널리 알려져 있다. 중년 이후에 몸무게가 5kg 이상 늘면 그렇지 않은 사람에 비해 사망률이 높아진다는 연구 결과도 있다.

한편 몸무게가 급격히 주는 것도 문제이다. 중년 이후 몸무게가 5kg 이하로 준 사람의 사망 위험률은 5kg 이상 는 사람보다 높다. 중년 이후야말로 몸무게 관리에 더욱 신경을 써야 한다는 말이다.

인생에는 여러 가지 즐거움이 있지만, 그것을 만끽하기 위한 필수 조건은 건강이다. 건강을 유지하기 위해 매일 몸무게 재는 습관을 생활화하자. 급격한 증감이 일어나지 않는지 자가 진단을 하는 것이다.

몸무게를 잘 안 쟀던 사람은 지금부터라도 하루에 한 번 반드시 체중계에 올라 그 결과를 기록하도록 하자. 체중계는 아날로그식보다 디지털식이 유용하다. 계기판에 숫자로 바로 몸무게가 표시되어 확인하기가 편리하고 소수점 단위까지 측정되어 경각심을 갖게 하기 좋다.

'재는 것만으로 다이어트'라는 말도 있다. 매일 몸무게를 재면 미미한 증가나 감소에도 조절하려는 마음이 생겨 결과적으로는 대폭으로 늘거나 주는 일을 예방할 수 있다.

만보기로
하루의 운동량을 체크한다

중년 이후에는 걸음 수도 필수 체크 항목이다. 몸무게 증가를 초래하는 원인이 칼로리 높은 음식의 섭취나 과식 때문만은 아니다. 대부분의 경우 운동 부족이 큰 원인이기도 하다.

일반적으로 건강을 유지하려면 하루에 15분 이상 매일 운동을 하도록 권장하고 있다. 그런데 몸무게를 유지하기 위해서는 이것으로는 부족하다는 사실이 밝혀졌다.

하버드대학교 의과 대학은 몸무게와 운동의 상관관계를 밝히기 위해 표준적인 식습관을 지닌 평균 50세의 건강한 여성 3만 명을 13년간 추적 조사했다. 그 결과, 조사 기간 동안 정상 몸무게를 유지하는 데 성공한 여성은 평균적으로 하루에 약 60분 이상 '적절한 운동'을 했다는 사실을 알 수 있었다. 적절한 운동이란 심장박동수를 빠르게 증가시켜 심폐지구력을 길러주는 운동을 말한다. 빠르게 걷는 파워워킹이나 사이클링, 수영 등이 대표적이다.

날씬하고 잘 다듬어진 몸을 유지하면 어디서든 자신감이 생긴다. 산책이나 파워워킹을 할 때뿐 아니라, 평소에도 만보기를 차고 다니면서 하루의 운동량을 대강이라도 파악하도록 하자. 일상의 전반에서 운동을 실천하는 것이다.

노후에 건강을 유지하기 위해서는 매일 적당히 몸을 움직이는 것이 중요하다는 사실은 누구나 잘 알고 있다. 하지만 알고 있어도 계속 실천하기 힘들다. 그런데 앞서 이야기한 체중계나 만보기는 과식하지 않았는지, 운동량은 어느 정도인지 바로 숫자로 보여주기에 최소의 운동을 지속하는 데 도움이 된다.

몸무게의 변화를 그래프로 그리거나 하루에 만 보 넘게 움직인 날은 달력에 빨간 펜으로 동그라미를 쳐놓는 등 시각화해두면 식사량이나 운동량을 더 잘 조절할 수 있다.

몸무게의 그래프가 하향곡선을 그리거나 달력에 빨간 동그라미가 늘어가는 것을 보고 있으면 스스로가 뿌듯해지고, 몸도 건강해진다.

리드미컬한 운동은
우울증에 효과적이다

보통 여성은 갱년기처럼 몸이 변화하는 시기 전후에 우울증에 잘 걸리고, 남성은 정년퇴직이 가까워지거나 퇴직했을 때 환경의 변화를 받아들이지 못하고 우울증에 걸리곤 한다.

우울증에 걸리면 기분이 속수무책으로 가라앉는다. 삶의 의욕도 사라져 무슨 일에도 적극적으로 나서고 싶지가 않다. 그런데 요즘은 이러한 정신적인 증상보다도 호흡 곤란이나 위통, 두통 등 신체 증상에서 눈에 띄는 신형 우울증이 늘고 있다.

신형 우울증의 경우 좌절, 무기력감 등의 증상은 비교적 심하지 않은 반면 쉽게 피로해지고 기억력이 현저히 떨어지는 점이 특징이다. 그래서 간혹 치매가 왔다고 생각하여 심각하게 고민하는 사람도 있지만, 정말로 치매에 걸렸다면 스스로 고민거리라고 인지하지 못할 것이므로 안심해도 된다.

이 신형 우울증에는 특히 운동이 효과적이라고 알려졌다. 우울증은 뇌 속 물질 세로토닌이 부족하면 유발되는데 세로토닌은 일정한 리듬 운동을 하면 활성화된다. 그러므로 **평소에 걸을 때도 '하나둘, 하나둘!'하고 머릿속으로 리듬을 의식하면서 걷기를 추천한다.**

우리 몸은 태양빛을 받으면 세로토닌을 더 활발하게 분비한다. 그래서 햇빛을 쬐며 경쾌한 음악에 맞추어서 가볍게 몸을 움직이는 체조도 우울증을 개선하는 데 효과가 크다.

일본의 경우, 아침에 공원이나 역 앞에서 라디오를 틀어놓고 체조하는 노인들을 종종 볼 수 있다. 만약 여러분 근처의 공원이나 산책로에서도 이와 비슷하게 가볍게 몸을 푸는 사람들이 있다면 주저하지 말고 함께 참여했으면 좋겠다.

하루를 운동으로 시작하면 그날 내내 밝고 행복한 기분으로 지낼 수 있을 것이다.

외식으로 영양의 균형을 맞출 수 있다

성장기 자녀가 있는 집이라면 영양에 균형이 잡힌 식단을 신경 쓸지라도 자녀들이 독립하거나 나이 든 사람뿐인 집에서는 그저 입맛에 맞고 좋아하는 것만 늘어놓기 쉽다.

'이 나이에 좋아하는 음식쯤 마음대로 먹는 게 대수인가?'라는 생각에 문득 되돌아보면 일주일 동안 한 번도 생선을 먹지 않았다거나, 몇 끼를 제외하고 줄곧 밀가루 음식만 먹은 날도 있을 것이다.

편식을 예방하려면 식탁 위에 작은 메모지를 준비해두자. 식사 시간마다 먹은 음식을 하나씩 메모한 후 일주일에 한 번 날을 잡아 쭉 훑어본다. 균형 잡힌 식단이었는지 점검하는 시간을 갖는 것이다.

일본에는 혼자 생활하는 노인을 위해 일주일에 두세 번 도시락 배달 서비스를 운영하는 지자체가 있다. 이러한 서비스는 주로 생활이 어렵거나 거동이 불편하여 혼자서는 식사를 차리기 어려운 노년층에게 제공된다. 계획된 식단을 통해 영양을 보충하면서 주기적으로 노인들을 방문하여 그들의 건강이나 심리 상태를 진단하기 위해서이다.

요즘에는 민간 도시락 배달 업체도 많은데 만약 혼자서 제대로 된 식단을 꾸리기 어렵다면 도시락 배달 업체를 이용하는 방법도 생각해볼 수 있다.

일본의 전설적인 배우 나카다이 타츠야는 10년 전에 부인과 사별하고 현재 혼자 생활한다. 혼자 살면 아무래도 식사에 소홀해지기 쉬워서 도시락 택배 서비스를 이용하고 있다고 한다. 그는 80대라는 나이를 생각해서 비록 당뇨병은 아니지만, 당뇨병 환자용 메뉴를 선택하여 고칼로리의 음식을 많이 먹지 않도록 주의하고 있다.

지인 중에서는 특이하게 외식으로 영양의 균형을 맞추는 사람이 있다. **평소 잘 안 먹는 음식을 외식 메뉴로 선택하는 것이다.**

E씨는 원래 생선을 싫어하지만 이제는 가능한 생선을 많이 먹으려고 노력하고 있다. 생선에는 혈액을 깨끗하게 해주는 불포화지방산이 많아 나이도 나이니 만큼 더욱 챙겨 먹으려

고 한다. 그래서 밖에서 식사하는 기회가 생길 때 일부러 생선을 먹는다고 한다. 집에서 흔히 해먹는 조리법은 식상하기 마련인데 외식을 하면 '이탈리아식'이나 '프랑스식' 등 좀 더 색다르게 요리한 생선 요리를 선택할 수 있기 때문이다. 조리법이 달라지니 싫어하던 생선이 맛있어졌다고 한다. 또한 함께 먹는 친구가 있으면 즐거운 수다가 '양념'이 되어 더 맛있게 식사를 즐길 수 있단다.

혼자 사는 남성 F씨는 가끔 여러 가지 생선 정식을 먹을 수 있는 식당에 간다. 연근이나 우엉을 곁들여 조린 생선 요리 등 스스로 만들기에는 번거로운 요리를 먹을 수 있기 때문이다. 게다가 가격도 저렴하다. 뿐만 아니라 그의 단골 식당에는 모든 메뉴에 칼로리가 표시되어 있어서 요즘에는 의도치 않게 칼로리 조절도 하게 되었다고 은근히 자랑을 했다.

'콩깨미채생버감'만 기억하면 문제없다

    균형 잡힌 식사를 하고 싶어도 방법을 몰라 선뜻 시작하지 못한다. 특히 남성들은 요즘 유행하는 이른바 '요섹남'이 아닌 이상 더더욱 생소하게 생각한다.

    그러나 안심하라. 영양의 균형을 체크하는 간단한 기준이 있다. 키워드는 '콩깨미채생버감'!

    하루 동안 아래의 식품을 최대한으로 먹도록 노력하자.

- 콩: 콩 종류로 된 식품. 두부, 청국장, 콩장, 비지, 낫토, 등
- 깨: 깨 등의 식물성 유지. 볶은 깨나 깨소금을 늘 부엌에 두고, 국은 물론 샐러드, 국수 등 음식을 가리지 않고 한 숟가락씩 넣어 먹는 습관을 들인다.
- 미: 미역, 김, 다시마, 톳 등의 해조류. 입이 심심할 때 다시

5장 일상에서 실천할 수 있는 건강 관리

마로 만든 간식을 먹으면 칼로리도 걱정을 할 필요도 없고, 요오드 같은 영양소도 섭취할 수 있다. 요오드는 갑상선 호르몬 합성에 필요한 성분으로 성인에게 꼭 필요한 영양소다. 해조류를 먹지 않으면 요오드 부족으로 갑상선 이상에 걸리기 쉬우므로 주의해야 한다.

- 채: 채소. 조리되지 않은 생채소는 보기에는 양이 많아 보여도 조리하고 나면 막상 양이 얼마 안돼 실제로는 그렇게 많이 섭취하지 않을 때가 많다. 조리거나 찌거나 볶아서 야채의 분량을 더 늘려 먹자.

- 생: 생선. 특히 고등어, 정어리, 꽁치, 삼치 등 등 푸른 생선을 적극적으로 먹자. 각종 국을 끓일 때도 생선으로 국물 맛을 내면 좋다.

- 버: 버섯 종류. 송이버섯, 새송이버섯, 팽이버섯 등을 항상 구비해놓고 국, 볶음, 전골 등에 넣어 먹으면 좋다.

- 감: 감자류. 감자에 포함된 전분은 뇌의 영양분인 당분의 보충원이 된다. 섬유질도 많아 변비를 예방하는 효과도 있다.

'콩깨미채생버감'이라고 외우면서 식탁을 점검하고 편안한 기분으로 먹으면 식사가 한층 즐거워질 것이다.

유명 온천 부럽지 않은
우리 집 목욕탕

사람들의 평균 체온이 점점 낮아져 최근 50년 동안에 과거에 비해 약 1도가 떨어졌다는 이야기가 있다.

체온이 내려가면 생명 활동을 유지하기 위해서 체내에서 일하는 효소의 활동이 둔해지며, 자율신경의 움직임도 저조해져서 면역력이 저하된다. 캘리포니아대학교의 다니엘 세스라 의사는 평균 체온이 1도 떨어지면 면역력은 약 37% 떨어지고, 반대로 1도 올라가면 면역력은 약 60%나 활성한다고 밝혔다.

체질이 냉한 여성은 부정수소스스트레스 등의 심신 장애로 권태와 불면, 통증을 동반하는 증상에 시달리기 쉽다고 한다. 냉증은 정신 건강과도 밀접한 관계가 있어서 몸을 따뜻하게 하는 생활 습관을 들이면 우울증 증상이 개선되었다는 보고도 있다.

이처럼 체온 저하는 심신 건강에 부정적인 영향을 주는데 나이를 먹을수록 체온은 점점 낮아진다. 또한 체내에서 영양에서 흡수한 화학 에너지를 열 에너지로 변환하는 기능과 체온 조절 기능도 저하되기 때문에 체온을 유지하기 힘들어진다. 중년 이후에는 평소 의식적으로 차갑지 않은 몸을 만드는 생활 습관을 들여서 체온 저하를 막아야 한다.

남성보다 여성이 냉증을 호소하는 경우가 많은데, 그렇다고 여성들만 몸이 냉해진다고 생각하면 오산이다. 요즘에는 몸이 냉한 남성들도 많다.

남성들의 냉증은 얼굴이 화끈거리거나 땀을 흘리는 등 얼핏 보기에는 '냉한 몸'과 정반대로 보이는 것이 특징이다. 하지만 얼굴 화끈거림이나 발한은 체온 조절이 원활하게 안 되며 몸의 깊숙한 곳이 오히려 냉하다는 증거이다.

냉기를 없애려면 뭐니 뭐니 해도 욕조에서 천천히 몸을 데우는 방법을 추천한다. 요즘에는 간편하게 샤워만 주로 한다는 사람들이 많다. 청결 유지만 따지자면 상관없지만 샤워만으로는 목욕의 또 다른 목적은 달성할 수 없다.

몸속 냉기를 없애는 **목욕법의 기본은 '미지근하게 오랫동안'이다. 체온보다 약간 높은 40도 정도의 온수를 채워 30분~1시간 동안 몸 깊숙한 곳까지 데우자.**

더운 여름에는 반신욕을 권한다. 잘 알려져 있듯 반신욕은 명치까지만 목욕물에 담그고 그 위쪽은 물 밖으로 내놓는 목욕법이다.

요즘엔 드러그스토어나 화장품 가게에서 다양한 성분과 향기의 입욕제를 구입할 수 있다. 그런 제품으로 매일 자기 집 목욕탕에서 '오늘은 어떤 욕탕에 몸을 담글까?' 생각하며 목욕을 하면 얼마나 즐겁겠는가? 콧노래를 흥얼거리며 목욕을 즐기면 유명 온천이 부럽지 않을 것이다.

일본에서는 지금도 단옷날에는 창포탕에, 겨울철에는 유자탕에 목욕하는 사람들이 많다. 이처럼 계절에 따라 각기 다른 탕을 즐기거나 밤에 문 닫기 직전의 꽃집에서 싸게 산 장미꽃을 뿌린 탕 안에서 호화로운 기분에 빠져보는 것은 어떨까? 우리 집 '명탕名湯'을 꾸며 보는 것이다.

작은 아이디어로 목욕을 즐거운 휴식 시간으로 만들 수 있다. 이러면 오랫동안 탕 안에 머무르고 싶어져 목욕을 통한 건강 관리의 효과도 있다.

피로를 느끼면
바로 쉬라

학생 때부터 등산을 좋아해서 50대가 되어서도 시간이 날 때마다 산에 가는 친구가 있다. 사람들과 어울려 갈 때도 있지만 거의 예외 없이 혼자서 등산을 간다. 눈이 오나 비가 오나 입산을 하는 그 친구에게 "이제 등산을 좀 줄이는 게 좋지 않은가? 더 이상 젊지 않다네."라며 참견을 한 적이 있다.

그러자 그는 자신 있게 이렇게 말했다.

"아직 괜찮아. 나는 절대로 무리를 안 하니까. 그리고 혼자 가면 내 페이스대로 올라갈 수 있어서 좋아. 피곤하면 그때그때 쉬면 되고."

그의 말에 '이 사람은 걱정 안 해도 되겠네'라고 안심했다. **쉬어야 할 타이밍을 파악하고 있다는 것은 피로를 스스로 컨트롤할 수 있다는 뜻이다. 이러면 피로는 잘 쌓이지 않는다.**

누구든지 나이를 먹으면 체력과 집중력, 지속력이 떨어진다. 그렇다면 전체적인 능력 저하에 어떻게 대처하면 좋을까? 이를 잘 알고 자신에 알맞게 조절하는 것이 나이를 제대로 먹었다는 증거이다.

방법은 간단하다. 피곤하면 제때 잘 쉬어서 피로를 바로바로 풀어주는 것이다. 절대 무리하지 말자.

특히 나이가 들면 기력이 떨어진 만큼 점점 쉽게 피로해진다. 예전에는 1시간쯤은 쉬지 않고 거뜬히 걸었다. 그러나 지금은 다르다. 1시간은커녕 30분 동안 쉬지 않고 걷기가 힘들지도 모른다. 그렇다면 일정한 간격으로 조금씩 휴식을 취하라. 이것만 명심하면 언제까지나 좋아하는 일을 충분히 즐길 수 있다.

두꺼운 책을 읽거나 집중해서 일을 할 때도 마찬가지이다. 재미있는 책을 접하면 자꾸만 더 읽고 싶어진다. 그러나 이미 노안이 와서 얼마 못 가 눈이 피곤해진다. 눈뿐만 아니라 뇌도 피로를 느낀다. 이러한 징후를 알아차렸다면 그 단계에서 일단 책을 접어두고 향긋한 홍차라도 마시며 휴식을 취하자.

성인 뇌의 집중력은 약 90분까지가 한계라고 한다. 대학 강의 시간이 90~100분이 많은 이유는 이를 기준으로 했기 때문이다. 반면 초등학교 수업 시간은 50분 정도이다. 이는 어린

아이들은 뇌가 아직 발달하고 있는 과정에 있기 때문이다.

순식간에 초등학생 수준으로 떨어지지는 않지만, 노후에는 뇌의 능력이 저하되므로 이 사실을 분명히 자각해야 할 것이다.

성실하게만 살아온 노인들 중에는 '쉬는 것'이 곧 '게으름 피우는 것'이라고 여기는 사람이 많다. 심지어 피로를 인정하면 스스로에게 지는 것이라고 생각하는 사람도 있다.

휴식은 결코 게으름 피우는 것이 아니다. 계속 어떤 일을 해나가기 위해 자세를 재정비하고 에너지를 회복하는 일이라고 생각하자.

책을 읽거나 집중하여 무언가 알아보는 등 뇌가 금방 피로해지는 일을 할 때는 틈틈이 초콜릿과 같은 단것을 한입 먹어주자. 단것에 든 포도당은 뇌의 움직임을 돕는 유일한 에너지원이다. 예로부터 휴식 시간에 차를 마시며 달달한 간식을 곁들이는 일이 많았는데, 다 과학적 근거가 있는 관습이었던 것이다. 옛날 사람들의 지혜에 감복하지 않을 수 없다.

뿐만 아니라 단것을 먹으면 행복해진다. 행복감에 빠지면 의욕을 불러일으키는 뇌 속 물질 아난다마이드가 분비되어 활력이 생기고 피로도 풀린다.

낮잠은 가장
'호사스러운 수면'

"요즘엔 아침 일찍 눈이 떠져요."라는 사람이 있는가 하면 "밤에 좀처럼 잠이 안 와요."라고 말하는 사람도 있다. 이런 말을 할 때 으레 "나이를 먹으니…"라고 서두를 꺼내는 사람이 많은데, 실제로 나이와 함께 수면도 변한다.

우리 몸에는 생리 활동을 주기적으로 반복할 수 있게 돕는 몸속 기제가 있다. 이를 '체내 시계'라고 한다. 체내 시계는 나이의 변화에 영향을 받는다. 나이가 들면 아침잠이 없어지는 이유는 체내 시계가 조정되면서 수면을 유지하게 하는 생체 리듬이 빨라지기 때문이다. 이는 노화의 자연스러운 현상이므로 너무 걱정하지 않아도 된다.

밤에 잠이 잘 안 오는 이유는 보통 노후에는 시간이 여유롭고, 업무나 집안일에 치이는 일이 줄어들어 심신이 그다지 피

5장 일상에서 실천할 수 있는 건강 관리

곤하지 않아서이다. 별로 피곤하지도 않은데 "이제 자야지." 하고 잠자리에 들려고 하기 때문에 오히려 잠을 설치거나 잠이 잘 안 오는 것은 아닐까?

나이 들어 나타나는 수면 현상의 변화에는 잠이 얕아진다는 것도 있다.

수면 중의 뇌파를 조사해보니 나이를 먹을수록 깊은 잠인 논렘수면*Non Rapid Eye Movement Sleep*이 줄고, 얕은 수면인 렘수면*Rapid Eye Movement Sleep*이 늘었다. 그렇기 때문에 작은 소리나 요의尿意에도 잠을 깬다. 그럴 때마다 다시 잠들기가 어려워 잠자리에서도 괴로운 시간을 보내곤 한다.

수면 시간 자체도 줄어든다. 일본 국립정신신경의료연구센터의 조사에 따르면 50대 전후가 되면 젊었을 때보다 30분 정도, 70대가 되면 젊었을 때보다 1시간 이상 수면 시간이 줄어든다고 한다. 그런데도 침대에 누워 있는 시간은 그다지 줄지 않는다. 그만큼 잠을 못 잔다는 느낌을 받기 마련이다.

체내 시계가 변하고 혈압, 체온, 호르몬 분비 등 수면과 연관된 기능도 달라지기 때문에 젊을 때와 같은 수면을 바라는 것은 무리이다. 수면에 대한 고민이 있다면 나이에 맞는 수면 습관을 들이는 방법을 연구해보자.

예를 들어 매일 정해진 시간에 일하러 나가야 하는 사람은 쉽지 않겠지만, 시간적 여유가 많은 사람은 잠이 오면 자고 잠이 잘 안 오면 억지로 자려는 마음을 버린다.

자다가 한밤중에 눈이 떠지면 심야 텔레비전 프로그램을 보거나 음악을 들으면 어떨까? 반대로 아침 일찍 눈이 떠지면 동네를 한 바퀴 돌아보는 것도 좋다.

자기 몸의 본능에 따라서 유연하게 시간을 사용한다. 이는 노후이기 때문에 누릴 수 있는 특권이 아닐까 싶다.

늘 피곤하다고 느끼는 사람에게는 낮잠을 추천한다. 우리가 졸립다고 느끼는 것은 뇌 속에 수면 물질이 쌓여있기 때문이다. 30분이나 1시간이라도 낮잠을 자면 이 수면 물질이 금세 줄어들어 잠이 부족하다는 느낌이 말끔히 해소된다.

일본의 시인 마사오카 시키는 '세상의 무거운 짐 내려놓고 낮잠이나 자볼까'라고 시를 쓰기도 했다. 모두가 일하고 있는 시간에 잠을 잘 수 있다면 이보다 더한 호사가 어디 있을까?

자주 쓰지 않는 손을 사용하여
뇌를 단련하라

한때 뇌 트레이닝이 크게 유행한 적이 있다. 뇌 트레이닝을 할 수 있다는 게임 기기를 사려면 오래 기다려야 할 정도로 인기를 끌었다. 당시엔 '뇌 트레이닝이 무슨 의미람!'이라며 콧방귀도 안 뀌던 친구가 언젠가부터 뇌 트레이닝에 집착하기 시작했다. "잘 쓰지 않는 손을 쓰면 평소에 사용하는 뇌가 아닌, 다른 쪽 뇌를 단련할 수 있다네."라며 사뭇 진지하게 말한다. 함께 술을 마실 때도 일부러 주로 쓰지 않는 손으로 맥주를 따 마신다.

인간의 뇌가 좌뇌와 우뇌로 나뉘어져 있다는 사실은 널리 알려져 있다. 좌뇌는 언어나 논리적인 사고 등을 관장하고, 우뇌는 직감이나 음감, 공간의식 등을 관장한다. 또한 우뇌는 좌반신, 좌뇌는 우반신을 컨트롤한다.

그 친구는 우연히 텔레비전에서 다큐멘터리 프로그램을 보고 평소에 쓰지 않는 쪽의 능력을 일깨워야겠다는 생각이 들었다고 한다.

그가 본 것은 미국의 뇌과학자 질 볼트 테일러 박사에 대한 다큐멘터리였다. 그녀는 37세에 뇌졸중으로 쓰러져 좌뇌의 기능이 손상되었다. 뇌의 신경 기능은 원칙적으로 재생되지 않는다. 그러나 테일러 박사는 꾸준히 재활치료를 하여 얼마 남지 않았던 신경세포를 최대한 쓸 수 있게 되었고 그 결과 사고 전의 상태로 거의 회복했다.

더 놀라운 점은 테일러 박사는 사고 전에는 그림을 잘 그리지 못했는데 재활 치료 후에는 예술적인 능력이 놀랍도록 향상되었다는 사실이다. 방송에서는 테일러 박사가 사고 전에 그린 그림과 재활 치료 후에 그린 그림을 보여주었다. 사고 전의 그림은 유치하고 별 볼 일 없었지만, 재활 치료 후에는 전문 화가가 그린 것처럼 정교하고 깊이 있는 그림을 그렸다.

이와 같은 현상에 대해 테일러 박사는 손상된 좌뇌의 움직임을 보완하여 우뇌가 활성화한 덕분에 우뇌가 지닌 예술적인 능력도 발달한 것 같다고 분석했다.

이 감동적인 방송을 본 친구는 뇌는 트레이닝을 하면 할수록 발달할 수 있다는 사실을 굳게 믿게 되었다. 오른손잡이인 그는 평소에 좌뇌를 더 많이 사용하므로 술을 마실 때만이라도 왼손으로 잔을 드는 등 **평소 잘 쓰지 않던 손을 사용해서 좌뇌와 우뇌를 균형 있게 사용하려고 노력한다.** 마치 게임이라도 하듯 즐겁게 즐기고 있다.

그런 친구에게 "이왕이면 젓가락도 왼손으로 들어보면 어떤가?"라고 말했더니 "그렇게까지 하면 너무 스트레스가 되지 않겠는가?"라며 단호히 거절했다. 스스로에게 스트레스를 주면서까지 하는 일은 안 하느니만 못하다며 덧붙였다.

이왕 뇌 트레이닝을 할 거라면 노는 듯 즐기면서 하자. 무언가 즐기고 있을 때 뇌가 제일 활기 있게 움직이니까.

운명에
행복한 복수를!

앞서 테일러 박사의 이야기는 훗날 《긍정의 뇌》라는 책으로도 출판되었다. 살다 보면 그녀의 경우처럼 뜻하지 않은 불행을 만날 때가 있다. 노후에는 그럴 가능성이 더 커진다는 사실을 인정해야 한다.

불행이 불시에 습격해오면 어떻게 극복하고 살아갈 것인가? 어떤 의미에서 그런 예상치 못한 상황에서 운명에 대처하는 방식이 한 사람의 진정한 가치를 보여준다고 할 수 있다.

테일러 박사의 기적과 같은 회복은 재활 치료가 갖는 효험을 보여주면서 동시에 인간은 어떤 상황에서든 다시 일어설 수 있다는 사실도 보여준다. 이런 걸 보면 인간에게는 아직 다 측량하지 못한 엄청난 힘이 숨어있다고 확신할 수 있다.

당뇨병 합병증으로 하루걸러 투석을 받아야 하는 지인이

5장 일상에서 실천할 수 있는 건강 관리

있다. 의료 기술의 발달로 전에 비하면 훨씬 편해졌지만, 투석을 받으려면 거의 반나절을 침대에 누워 있어야 한다. 투석을 받을 때는 하루의 수분 섭취량도 제한된다. 1일 소변량에 500ml를 합한 정도의 수분을 섭취할 수 있는데, 이것은 식수뿐만 아니라 음식에 포함된 수분도 합친 양이므로 마음껏 물을 마시기도 어렵다.

하지만 그도 그의 아내도 결코 운명에 불평하지 않는다. "요즘은 투석을 하는 사람도 여행을 다니며 살 수 있어."라며 오히려 밝다. '투석까지 해가며 살아있으니 남들보다 2배는 즐겨야 공평하지 않나?'라는 것이 그의 지론이다.

실제로 이 부부는 국내 여행은 물론 해외여행도 간다. 다만 어딜 가도 투석은 꼭 해야 하므로 여행지에서도 투석 병원을 반드시 예약해둔다. 남들보다 시간과 노력이 좀 더 들지만 남부럽지 않은 여행을 즐길 수 있다.

미국의 작가 캘빈 톰킨스의 《우아한 생활이 최고의 복수이다》는 작가의 아들이 시한부 인생을 선고받은 후의 기록이다. 얼마 남지 않은 생이지만, 하루하루를 최대한 즐겁게 지내려는 모습이 담겨있다.

아무리 괴로운 운명이 엄습해와도 그 안에서 최대한 행복하게 살아갈 수 있다면 그것이 운명에 대한 복수이다. 그는 이렇게 생각했던 것이다.

예기치 않은 질병으로 생각지도 못한 일이 일어나도 가능한 한 즐거운 일, 유쾌한 일을 찾아보자.

'즐기는 것이 운명에 대한 복수'라니 생각하는 것만으로도 신나지 않는가?

담배를 끊을 수 없다면
음미하면서 피우라

　금연을 하기로 마음먹었지만 직장에서 보기 싫은 상사에게 고개를 숙여야 하거나, 클라이언트에게 불평을 들으면 자기도 모르게 담배에 손을 뻗치고 만다. 한 모금 빨아버리면 그때까지의 금연 노력은 물거품. 아차 싶은 마음에 다시 한 번 금연의 의지를 불사른다. 그러다가 또 실패. 마치 처음처럼 또 다시 금연을 결심한다⋯. 이런 과정을 다람쥐 쳇바퀴 돌듯이 하는 사람이 많다.

　모든 일은 생각하기 나름이다. 금연, 금연하고 스트레스를 느낄 정도라면 차라리 '이제 와서 금연은 무슨!'이라고 아예 포기하는 것도 하나의 방법이 아닐까? 사실 여태껏 담배를 피워왔다면 새삼 지금 그만두기엔 늦은 감이 없지 않다.

　끊지 못할 바엔 차라리 담배를 맛있게 즐기자. 이왕이면 마음 깊숙이 '맛있다'라고 음미하면서 피우라. '끊어야 하는데…'하고 죄책감을 느끼면서 피우는 것과 '맛있네'라고 즐기면서 피우는 것은 정신적으로 미치는 영향도 다르다. **담배를 피우는 것보다 '그만두어야 하는데…'라는 스트레스가 더 부정적일 수 있다.**

그렇다고 마구잡이로 피우라는 말은 아니다. 어떤 목표를 달성했을 때라든지, 저녁을 다 먹고 나서라든지 상황을 한정해두자. 아니면 담배를 처음부터 반으로 잘라 놓는다. 이렇게 하면 담배를 손에 쥐는 횟수는 전과 같아도 실제 흡연량은 크게 줄일 수 있다.

금연의 스트레스로 힘든 사람은 우선 행복한 '감연'으로 눈높이를 조금 낮춰보자. 그리고 그 한 모금을 가슴 깊이 즐기면서 피운다.

다만 가족이나 주변에 폐가 되지 않도록 베란다나 마당에서 피운다. 이런 사소한 배려로 비난의 시선에서도 벗어날 수 있다.

등을 곧게 펴는 것만으로
건강해진다

전철에서 누군가 자리를 양보하면 "노인 취급당했어!"라며 짜증 내는 사람이 있다. 아직 스스로 젊다고 생각하기 때문이다. 그러나 아무리 젊게 보이려고 해도 사람들은 상대방의 나이를 정확히 간파한다. 그 주된 포인트가 자세일 때가 많다. 나이가 들수록 어깨가 처지기 시작하고, 등 근육이 쇠퇴해 등도 굽는다. 안타깝지만 노화로 인한 어쩔 수 없는 현상이다. 이렇듯 자세는 나이를 잘 숨기지 못한다.

길을 걷다가 쇼윈도에 자신의 모습이 비치면 바로 자세를 체크하기 바란다. 자기도 놀랄 정도로 등이 굽어 있어서 제 나이가 확연히 드러나거나, 실제 나이 이상으로 늙어 보일 수도 있다.

자세가 나쁘면 미관상으로도 건강상으로도 좋지 않다. 구

부정한 지세는 폐를 압박시켜 호흡이 얕아지고, 산소를 충분히 받아들이지 못하게 만든다. 이런 상태가 지속되면 산소 부족 때문에 뇌의 움직임도 저하되고 만다.

만일 자신의 자세가 좋지 않다고 알고 있다면 의식적으로 등을 활짝 펴고 어깨를 뒤로 젖혀 가슴을 편다. 하루에도 몇 번씩 생각날 때마다 한다. 이렇게 반복하는 동안 점차 자세가 개선될 것이다.

자세는 혼자서는 좀처럼 체크하기 어렵다. 배우자나 친한 친구 등 늘 만나는 사람에게 "어깨를 움추리거나 등을 굽힐 때마다 서로 알려줍시다."라고 먼저 제안하면 어떨까? "아, 등이 굽었네." "안 돼! 안 돼!" 하는 식으로 늘 서로에게 신경 쓰다 보면 두 사람 모두 젊고 건강하게 지낼 수 있을 것이다.

좋은 자세를 만드는 가장 기본적인 방법이 있다. 등을 펴고 시선을 위로 약간 올려다볼 것을 추천한다. **사람은 시선을 30도 올리면 생각도 긍정적으로 변한다고 한다. 반대로 아래를 보고 있으면 사고방식까지 부정적으로 된다.** 즉 울적할 때는 등을 펴고 시선을 조금 위로 향하는 것만으로도 기분이 한결 나아질 수 있다는 말이다.

기분이 우울하면
복식 호흡을 하자

"호흡할 때 배로 숨을 마시거나 내뱉으면 좋아요."

진료실을 방문하는 사람들에게 이렇게 말한다. 개중에는 "호흡은 가슴으로 하는 것 아닌가요?"라고 미심쩍어하는 사람도 있다. 호흡을 관장하는 폐가 가슴 안에 있기 때문에 그렇게 생각하나 보다.

폐는 공기에서 산소를 빨아들이고, 노폐물인 이산화탄소를 공기 중에 배출하는 역할을 하는데, 호흡을 할 때 폐가 부풀어 오르거나 줄어들거나 하는 데 필요한 근육은 폐 자체에는 없다. 대신 횡격막배와 가슴 사이를 분리하는 근육과 늑간근호흡에 관여하는 갈비뼈와 갈비뼈 사이의 근육을 사용한다. 숨을 들이쉴 때는 횡격막과 늑간근이 움직이면서 횡격막은 아래로 내려가고 갈비뼈는 위로 올라간다. 실제로 갈비뼈에 손을 얹고 숨을 크게 들이마

서보라. 갈비뼈가 쑥 올라오는 게 느껴진다. 이때 흉강, 즉 가슴안이 커지면 폐 안의 압력이 바깥보다 낮아진다. 공기는 압력이 높은 곳에서 낮은 곳으로 흐르므로 몸 밖에 있던 공기가 폐 안으로 들어가게 된다. 숨을 내쉴 때도 횡격막과 늑간근이 움직이는데 들이쉴 때와는 반대로 횡격막은 올라가고 갈비뼈는 아래로 내려가서 흉강이 줄어들고 폐 안의 압력은 높아져 공기가 밖으로 빠져나가는 것이다. 이러한 과정이 가슴 호흡의 원리이다.

배로 숨을 들이마시는 복식 호흡은 가슴 호흡보다 더 깊은 호흡이다. 복식 호흡은 가슴 호흡에 비해 산소를 3배 이상 들이마실 수 있다는 말이 있을 정도이다. 또한 신경 안정, 뇌의 활성화 등 심신의 상태를 조절하기 쉽다는 장점도 있다. 그래서 요가를 할 때 기본이 되는 호흡법 또한 복식 호흡이다.

아래의 복식 호흡법을 익힌 후 매일 조금씩 복식 호흡을 하는 습관을 들이자. 긴장이 풀리고 편안해질 것이다.

복식 호흡법
① 천장을 보고 눕거나 좌선을 하듯 편안한 반가부좌 자세로 앉는다. 처음에는 배에 가볍게 손을 얹고 호흡을 할 때마다 배가 나오고 들어가는지 확인한 후 시작한다.

　　　　　5장 일상에서 실천할 수 있는 건강 관리

② 먼저 크게 숨을 내뱉는다. 시간을 들여 천천히, 배의 깊숙한 곳에서부터 공기를 밀어내듯이 내뱉는다. 이때 배는 점점 쑥 들어간다.

③ 숨을 다 내뱉으면 숨을 들이마시는데 처음에는 의식해서 천천히 들이마신다. 이때 배가 부풀어 오르는 듯한 느낌이 들 것이다.

④ ②의 과정부터 반복한다. 매일 10~20분씩 꾸준히 하면 좋다.

안절부절못하거나 마음이 울적할 때 복식 호흡을 하면 편안해질 때가 많다. 이때 **호흡하면서 '나쁜 에너지를 내뱉고 좋은 에너지를 들이마셔 전신에 퍼지게 한다'고 생각하면 한층 효과가 좋다.**

또한 일어설 때 어지러운 증상이 자주 나타난다면 복식 호흡을 하여 증상을 완화시킬 수 있다. 물론 나중에 전문의를 찾아가 자세한 원인을 밝히도록 하자.

6장

바로 지금부터
행복해지는 방법

있는 그대로의 인생을 긍정한다

늙음이란
절망의 이유가 아니라
희망의 근거이며
천천히 쇠락하는 것이 아니라
점진적으로 성숙하는 것이며
견디어 낼 운명이 아니라
기꺼이 받아들일 기회이다.

−헨리 나우웬

엔딩노트로
인생의 재고 조사를 하라

학창 시절 이후 몇십 년 만에 뜻밖의 친구에게 전화가
왔다.

"회고록을 쓰고 있는 중이라네. 나이 들어 꼭 한 번 해보고
싶던 일이어서 말이야. 옛날 일을 돌이켜보니 문득 자네가 보
고 싶어지지 않겠는가. 학창 시절에는 우리 정말 많은 이야기
를 나누었는데…."

친구와는 언제부터인가 연하장을 주고받는 게 고작인 사이
가 돼버렸지만, 간만의 연락을 기회로 머잖아 술자리를 갖기
로 약속했다. 벌써부터 설레기 시작한다.

50세 생일, 환갑, 정년퇴직 등 인생의 전환기가 오면 이를
계기로 그때까지 '인생의 재고 조사'를 해보면 어떨까? 잊고
있던 젊은 날의 꿈이나 바쁜 일상에 쫓겨 오랫동안 못 만났던

친구 등 여러 가지가 떠오르면서 앞으로 어떻게 살아야 할지 자신의 '진짜 마음'을 끌어낼 수 있을 것이다.

회고록을 쓴다고 하면 거창하게 생각하는 사람도 있다. 그렇다면 가장 손쉽게 '인생의 재고 조사'를 할 수 있는 방법은 '엔딩노트'가 아닐까? 엔딩노트는 마미 스나다 감독의 2012년 영화 〈엔딩노트〉에서 말기 암 판정을 받은 아버지가 '엔딩노트'를 정리하며 자신의 죽음을 준비하는 모습을 통해 잘 알려지기도 했다.

지인 중에도 엔딩노트를 쓴 사람이 있다. 그는 50세 생일을 맞아 새삼스럽게 자신의 인생을 되돌아보고 싶었다고 한다. 그에게서 이러한 소감을 들었다.

"엔딩노트를 쓰는 동안에 여러 사람의 얼굴이 떠오르더라고. 지금까지 내가 얼마나 많은 사람의 도움을 받으며 살아왔는지 놀랐다네. 늘 인생에 불만이 많았는데 지금은 내가 정말 행복한 사람이라고 생각하네."

'엔딩노트=유서'라고 받아들이는 사람도 있고, '미리부터 죽음을 준비하다니 어쩐지 으스스해'라며 내키지 않는 시선으로 보는 사람도 있다. 그러나 한 치 앞도 알 수 없는 게 우리 인생이다. 특히 중년 이후로 접어들면 만일 일어날지 모르는 일을 미리 떠올려보고 그 때 어떻게 할 것인지 대비할 필요가 있지 않을까?

6장 바로 지금부터 행복해지는 방법

유서보다 엔딩노트를 추천하는 이유는 유서라고 하면 아무래도 재산의 처분과 같은 사무적인 내용이 주를 이루지만, 엔딩노트는 자신이 살아온 인생과 앞으로 살아갈 인생을 생각하게 만들기 때문이다. 4장에서 인생의 전환기에 대청소를 할 것을 추천했다. **엔딩노트는 인생의 전환기에 하는 '마음의 대청소'**라고 생각해도 좋다.

요즘에는 서점이나 문구점에서 '엔딩노트'라는 이름의 다이어리를 어렵지 않게 구입할 수 있다. 아니면 시중에서 파는 노트를 구입해서 자신이 원하는 대로 꾸며도 괜찮다.

엔딩노트는 자기만 쓰고 읽는 일기장과는 다르다. 자신 이외의 사람이 볼 것을 전제로 작성하는 것이 좋다. 엔딩노트에는 주로 만일의 사고가 닥쳤을 때 다른 사람들이 어떻게 처리해 주면 좋을지 혹은 그 때 무엇을 바라는지 등의 내용을 적는다. 그러므로 제일 앞에 목차를 작성해서 누구든지 한눈에 이해하기 쉽게 작성하면 좋겠다.

평소에도 '나에게 무슨 일이 일어나면 이것을 읽어주기 바란다'고 가까운 사람들에게 말해두고 거실의 서랍 등 찾기 쉬운 곳에 놓아두자. 은행의 대여 금고 같은 곳에 맡기면 안 된다. 계약자 본인이 아니면 열 수 없는 곳에 보관하면 만일의 일이 벌어졌을 때 아무도 볼 수가 없기 때문이다.

일반적으로 엔딩노트는 ① **자신의 간단한 역사** ② **소유 재산 목록** ③ **만일의 경우에 '이렇게 해주었으면 좋겠다'와 같은 희망 사항** ④ **임종이나 장례 절차에 대한 희망 사항** 등의 항목으로 구성한다.

다음은 엔딩노트의 각 항목에 대한 좀 더 상세한 설명이다.

① 자신의 인생을 되돌아보면서 기억에 남는 행복한 일이나 후회되는 일을 적어본다. 또한 이 부분에 훗날 엔딩노트를 읽어주기를 바라는 사람들과 그들의 연락처를 적어둔다. 예를 들어 배우자, 가족, 친척, 친구들이 있을 것이다. 이들에 대한 감사의 마음을 짤막하게 표현하는 것도 좋다.

② 소유 재산 목록에는 저축액이나 부동산, 지금까지 취미로 모아온 물건 등을 어떻게 하면 좋을지 써둔다. 취미로 무언가 수집해온 사람은 같은 취미를 즐기는 지인에게 기증하면 더할 나위 없이 가치 있을 것이다. 시설이나 단체에 기부하고 싶을 때는 미리 기부할 곳을 정하고 연락처 등을 명기해두도록 하자.

③ 만일의 경우에 대한 희망 사항은 불의의 사고나 병으로 자신의 의사 표시를 할 수 없는 상태에 이르렀을 경우를 위

6장 바로 지금부터 행복해지는 방법

해 기록하는 것이다. 의식을 잃었을 때 연명 치료를 희망하는지, 심각한 치매에 걸렸을 때 어떠한 간병을 원하는지 등 자신이 바라는 점을 명확히 기재한다.

④ 자신의 임종이나 장례에 대한 요구 사항이나 희망 사항을 분명히 남겨두면 자신이 바라는 대로 인생을 마무리할 수 있다. 장례식 때 영정 사진으로 쓰고자 하는 사진을 골라두거나 자신의 죽음을 알렸으면 하는 사람의 명단을 준비한다. 원하는 장사 방법이 있다면 '화장' 혹은 '자연장' 등으로 명시해둔다.

엔딩노트를 작성하면 자기 자신에 대해 찬찬히 생각하게 된다. 이 시간을 통해 있는 그대로의 자신을 인정하고 나아가 더 아끼고 사랑하려는 마음을 갖는 것은 어떨까. 이런 마음이야말로 가장 온화하고 기분 좋게 나이를 먹는 비결이 아닐까 싶다.

* 260쪽에 엔딩노트의 예를 첨부하였다. 자신의 인생을 되돌아보며 엔딩노트를 작성해보자.

즐겁고 풍요로운
노후를 만드는 '80%의 법칙'

우리는 스스로에게 지나치게 엄격한 경향이 있다. 남이 하면 대수롭지 않게 넘길 실수를 자신이 하면 자책한다. 심하면 '왜 나만 이렇게 태어났을까?'라며 자신의 존재 자체가 잘못인 것처럼 여길 때도 있다. 그러나 자신에게 완전히 만족하는 사람은 없다. 결점 없이 완벽한 사람도 없다. 아무리 못나고 모자라 보여도 자기만은 스스로를 아끼고 북돋워야 하지 않을까?

무슨 일을 할 때도 완벽할 필요는 없다. 식사를 할 때 '위의 80%만 채워야 좋다'는 말도 있지 않은가. 지나치게 욕심을 부리는 것도 바람직하지 않다. 바라는 결과의 20% 정도는 부족하게 이루는 것이 딱 좋다. '이걸로 충분하다'고 만족하자.

100%를 추구하려면 늘 애를 써야 한다. 인간은 아무리 잘

해도 '이걸로 만족'이라는 것을 모른다. 항상 모자라고 부족해 한다. 그래서 늘 '좀 더!'를 외치며 허덕이기 일쑤이다. 그러나 어느 정도 나이를 먹으면 그러한 마음의 짐을 내려놓을 줄 알아야 한다. 지금까지 분발하며 살아왔으니 이제부터는 그렇게까지 전력투구하지 않아도 괜찮다. 지금 자신의 손안에 있는 것으로도 충분히 만족할 수 있다.

요즘 여기저기에서 건강하고 의욕에 넘치는 노인들을 자주 본다. 물론 훌륭하다고 생각하지만 가끔은 '무리하는 것이 아닌가?'하고 마음이 쓰일 때가 있다. 노후에도 발전하려는 마음을 부정하는 것은 아니지만, 지나치게 애쓰지 않도록 스스로 브레이크를 걸면 좋겠다. 마음에 부담이 가지 않을 정도가 가장 적당하다. 하고 싶은 일이 태산같아도 80% 정도로 줄여서 하나하나를 천천히 즐긴다.

의학박사이자 작가인 사이토 시게타는 90세까지 장수를 누렸다. 그는 70대, 80대로 점점 나이를 먹어갈수록 식사량은 70%, 60%…로 점차 줄여가는 것이 노후를 즐겁고 풍요롭게 지내는 비결이라고 했다.

줄일수록 더 풍요로워진다. 이것이 노련함의 경지이다. 앞으로는 이런 경지에 가까워지는 삶을 살자.

하루 한 번,
크게 소리 내어 웃어라

손자를 따라 코미디 공연에 다녀온 후, 완전히 거기에 빠져 버린 선배가 있다.

"이야, 나도 놀랄 정도로 엄청 크게 웃었어. 온종일 기분도 좋고 술맛도 좋더라니까."라며 밝은 목소리로 소감을 털어놓았다.

나중에 선배의 손자에게 슬쩍 물어보니 "할아버지께서 요새 통 기운이 없어 보여서 일부러 코미디 공연에 모시고 갔어요."라고 대답했다. 물론 손자도 할아버지를 모시고 가면 공연 티켓은 물론 맛있는 점심이나, 기분이 좋으면 브랜드 운동화를 사 줄지도 모른다는 기대가 있었겠지만 말이다.

계기야 무엇이든 웃을 때의 쾌감에 매료된 선배는 요즘은 혼자서도 자주 코미디 공연을 보러 다닌다. 그뿐만 아니라 라쿠고나 만자이 같은 만담 공연도 즐겨본다*.

선배의 목소리가 한층 쾌활하게 변했듯이 웃음은 우리를 밝고 건강하게 해준다. 과학적으로도 웃으면 면역력이 높아진다는 사실이 증명되었다.

웃어서 밝아지고 기분이 좋아지면 내추럴킬러세포natural killer cell의 움직임도 활발해진다. 내추럴킬러세포는 특히 종양세포나 바이러스세포를 퇴치하는 능력이 뛰어나다. 웃음으로써 암이나 유행성 감기 등 각종 질병을 예방할 수 있다는 말이다.

선배는 3대가 한집에서 화목하게 살고 있어 별로 적적하지 않을 것이다. 자식이나 손주와 함께 텔레비전을 보며 저녁 시간을 보낼 때도 많으니 말이다. 그러나 홀로 노후를 보내는 사람은 아무래도 자신의 감정을 적극적으로 표현하거나 누군가와 나눌 일이 적다. 재미있는 텔레비전 코미디 프로그램을 봐도 그저 혼자서 '큭큭' 하고 웃는 정도에 그친다.

그러나 코미디 공연이나 만담 공연에 직접 가면 주변 사람

---

* '라쿠고'나 '만자이'는 일본의 전통 예능이다. 우리나라에도 만담이나 마당놀이 같은 해학적인 전통 공연이 있다. 이런 공연을 보며 기분 전환을 하고 예로부터 웃음을 사랑해온 조상들의 기질을 되새겨보는 것도 즐거운 일이다.

들이 작정한 듯 마음껏 웃기 때문에 함께 크게 웃을 수 있다.

"우하하핫!" 하고 배 속 깊은 곳에서부터 소리 내어 웃으면 몸도 마음도 훨씬 건강해진다.

웃음소리의 크기는 강한 생명력을 나타낸다고 해도 과언이 아니다.

미국의 작가 노먼 커즌스는 웃음을 '일종의 내장 조깅'이라고 표현하기도 했다. 적어도 하루에 한 번은 "우하하핫!" "아하하핫!" 크게 소리를 내어 웃는 것을 일과로 삼아보자.

다른 사람을 웃기면
내 기분도 좋아진다

"우하하핫!" 하고 혼자서도 크게 웃을 수 있다면, 이번에는 하루에 한 번 다른 사람을 웃기는 일에 도전해보라.

개그맨들은 늘 웃기는 행동만 하지 별 볼 일 없는 사람들이라고 생각할 수도 있다. 하지만 그 세계를 잘 아는 사람들은 관객을 웃기는 것만큼 어려운 일은 없다고 한다.

다른 사람을 울리는 일은 웃기는 일과 비교하면 수월한 편이다. 이러저러하면 대부분의 사람들이 울게 된다는 시나리오는 어느 정도 꾸밀 수 있기 때문이다. 그러나 웃는 포인트는 사람마다 다르다. 그 포인트를 어떻게 자극하느냐가 요령인데, 너무 도가 지나치면 오히려 냉담한 반응이 돌아온다. 그래서 개그맨이라는 직업은 언뜻 쉬워 보일지도 모르지만 매일 그 포인트를 자극하는 연습을 게을리할 수 없다.

남을 웃기는 기술을 스스로 익힐 수 있다니 참으로 대단하다. 물론 본인은 일부러 그러는 것이 아닌데 주변 사람들을 저절로 웃게 만드는 사람도 있다. 그런 사람은 타고난 것이다. 처음부터 남다른 재능을 갖추고 있다고 생각하라.

인터넷을 뒤져가며 요즘 유행하는 유머나 유행어를 찾아보자. 그리고 가족이나 친구에게 써먹어보자. 처음에는 '썰렁개그'라도 괜찮다. 그래도 사람들은 웃는다. 바보 같다고 생각하면서도 배를 잡고 웃는다. 그걸 보고 자신도 기분이 좋아져 따라서 크게 웃는다. 그 결과 나의 면역력도 올라간다.

성격이 밝고 잘 웃는 사람은 더 건강하고 젊어 보인다. 웃음에 뇌가 자극을 받아 베타 인플루엔자가 대량으로 분비되기 때문이다. 베타 인플루엔자는 뇌를 건강하게 하는 뇌 속 호르몬 중 하나이다.

다른 사람을 웃기는 동안에 자신도 웃음의 은혜를 듬뿍 받을 수 있다. 다른 사람을 웃기면 그 기쁨이 자신에게도 돌아온다.

고민은
그냥 내버려둬라

'사느냐 죽느냐 그것이 문제로다'. 셰익스피어의 유명한 비극 〈햄릿〉의 대사이다. 작품 속 햄릿의 나이는 몇 세였을까? 30세라는 설이 유력하지만 연인인 오필리아가 17세이며, 햄릿은 그보다 약간 많은 20세라는 설도 있다. 어쨌거나 예부터 고민은 젊은이의 특권이었다.

하지만 **어느 정도 나이를 먹으면 고민이 생겨도 잠시 동안 내버려두는 것이 제일 좋다.** 지금까지의 인생 경험을 통해 어떤 문제든 고민만 한다고 해결되지 않는다는 사실을 익히 알고 있을 것이다.

고민이 있어도 구태여 깊이 생각하지 않는다. 고민거리를 방치해두고 눈앞의 일만 담담하게 하다 보면 무슨 일이든 '되는대로' 되게 마련이다.

'빙 치하라'는 말에, '어떻게 그렇게 무책임할 수 있나!'라고 생각할 수도 있겠지만 이는 중국의 위대한 선사의 가르침에서 비롯되었다.

중국 당나라 때 승려인 혜능선사는 '불사선불사악不思善不思惡'이라는 말을 남겼다. 즉 '좋은 것도 나쁜 것도 생각하지 말라'는 뜻이다.

나쁜 것을 생각하지 말라는 말은 쉽게 이해가 된다. 그런데 왜 좋은 것도 생각해서는 안 되는 것일까? 평범한 사람들은 의아해한다. 여기에 혜능 선사는 이렇게 말했다.

좋은 것을 생각하려다 보면 자기도 모르게 나쁜 것도 생각하게 된다. 그러므로 좋은 것도 나쁜 것도 생각하지 않는다. 이것이 마음을 흩뜨리지 않고 늘 온화하게 살 수 있는 자세이다.

그러고 보면 '지금 더할 나위 없이 좋다'고 생각해도 바로 다음 순간, '과연 이 상태가 언제까지 이어질까?'라는 의구심이 든 적은 없었는가? 환히 비치는 달을 구름이 순식간에 가리듯 좋은 생각도 나쁜 생각으로 쉽게 바뀌어 버릴 때가 있다.

아무것도 생각하지 않는 것은 결코 쉬운 일이 아니다. 스님들조차 무념무상의 경지에 도달하기 위해 꾸준히 좌선을 하

6장 바로 지금부터 행복해지는 방법

지 않던가?

우리 같은 평범한 사람들이 '아무것도 생각하지 않는 경지'에 가까워질 수 있는 방법이 하나 있다. 걱정거리가 있을 때 바로 이불을 뒤집어쓰고 잠들어버리는 것이다.

자려고 하면 할수록 고민이 떠올라서 잠이 오지 않는다면 술의 도움을 약간만 빌리자. 술을 잘 못하는 사람도 포도주나 매실주 같은 과실주는 큰 부담 없이 마시기 좋다.

잠들면 무념무상에 드는 것과 마찬가지이다. 술 덕분에 푹 자고 일어난 아침에는 고민거리도 어느 틈엔가 사라져있다.

끝난 일은
말끔히 잊어버려라

살다 보면 '왜 그렇게 바보 같은 짓을 했을까?'라든지 '아, 그런 말 안 했더라면 좋았을 것을…' 하고 후회하는 일이 얼마나 많은가?

인간이 좌절하는 이유의 대부분은 자신이 저지른 일에 대한 후회 때문이다. 하지만 끝난 일은 아무리 후회해도 돌이킬 수 없다. 50, 60년쯤 살다 보면 인생은 되돌리고 싶어도 되돌릴 수 없다는 사실을 뼈에 사무치게 잘 알고 있을 것이다. 그렇다면 끝난 일은 깨끗이 잊어버리는 것이 최선이 아닐까?

나이를 먹으면 점점 기억력이 쇠퇴한다. 이렇게 말하면 나이 먹는 게 부정적인 일인 것만 같지만 **망각은 불필요한 마음고생이나 후회를 줄여주는 긍정적인 힘**이기도 하다.

일본의 작가 아카세가와 겐페이는 《노년의 힘》에서 이렇게 말한 바 있다.

건망증, 반복적인 말, 한숨 등 지금까지 치매의 징조라고 치
부했던 증상에 큰 힘이 숨어있다.

나 또한 이 말에 공감한다. 특히 '건망증'이 그렇게 나쁜 것
은 아니다. 중요한 일이나 꼭 기억해야 할 것은 부지런히 메
모해두면 된다. 내 친구는 거실 탁자에 메모지를 항상 놓아둔
다고 한다. 장 봐야 할 물건, 꼭 처리할 일 등 일단 떠오르는
것은 메모한다. 그리고 외출하기 전이나 틈 날 때마다 그 메
모를 쭉 훑어본다. 이런 단순한 습관으로도 무언가 잊는 일이
훨씬 줄었다고 한다.

누군가와 대화할 때 어떤 고유 명사가 얼른 생각이 안 나더
라도 상대방이 자신과 비슷한 연배라면 아주 심각한 일은 아
니다. "왜 지난번에 은행 앞에서 우연히 만났던 K씨 고교 동
창이라는 친구 있지 않은가?" "아, 그 사람! 나도 이름은 생각
안 나지만 누군지는 알아." 이런 식으로 대화를 이어갈 수 있
다. 혹 유명인의 이름이나 지명이 생각나지 않아서 목에 생선
가시가 걸린 듯 신경 쓰일 때가 있다. 그럴 때는 인터넷을 검
색해 확인하자. 단어를 소리 내어 말해보면 그다음부터는 잘
잊어버리지 않게 된다.

나이가 들어 건망증이라 차라리 다행이라고 느껴질 때도 있다. 특히 둘 다 '깜박깜박'하는 동년배와의 관계에서 건망증은 의외로 쓸모가 있다. 과거 서로 실례되거나 민망한 일이 있었어도 훗날 만났을 때는 둘 다 이미 지난 일을 잊어버리기 때문이다. 만일 당신만은 기억하고 있더라도 모르는 척 자연스럽게 넘어가면 된다.

프랑스 작가 발자크는 이렇게 말하기도 했다.

망각 없이는 인생을 살아가기 힘들다.

나이를 먹으면 애쓰지 않아도 자연스럽게 잊을 수 있다. 오히려 잊어버리는 것이 자연스럽다.

그러나 나이가 들어 '깜박깜박'하는 일이 당연하다고 해서 '치매에 걸렸다'든지 '인지증이 시작되었다'고 농담으로 말하지 말자. 건망증은 나이 들면서 오는 자연 현상이지만 치매나 인지증은 뇌에 일어나는 병적인 변화이다. 농담으로 웃어 넘기다 보면 진짜 병증의 징조를 놓칠 수 있다. '아무래도 좀 심각해'라는 생각이 들면 일찌감치 병원을 찾아 대책을 마련해야 한다.

감사의 달인이
돼라

태어났을 때는 핏덩어리에 불과하던 아기도 하루가 다르게 성장한다. 누워서 눈만 끔벅거렸던 아기가, 더듬더듬 입이 트이기 시작하면 가장 먼저 가르쳐야 할 말이 '고마워', 즉 남에게 감사하는 말이다.

사람은 태어난 때부터 죽는 순간까지 자기 혼자만의 힘으로 살 수 없기 때문이다. 여러 사람들의 크고 작은 도움과 배려를 받으며 산다. 하지만 나이가 들면서 이러한 사실을 소홀히 여기기 시작한다.

내 지인 중의 한 사람은 남편이 집안일을 도와주어도 '고맙다'는 말 대신 불평부터 나온다고 한다. 남편이 살림을 제대로 해본 적이 없어서 일의 맺음새가 영 신통치 않다는 점이 이유란다. 그런데 그 모습을 본 유치원생 손녀가 "할머니, 할

아버지에게 고맙다고 해야지."라고 주의를 주었다며 쓴웃음을 지었다. 어린 손녀에게 한 수 배운 셈이다. 당신도 혹시 가까운 사람들에게 감사의 말을 게을리 하고 있지는 않은가?

감사는 비단 사람에게만 하는 것이 아니다. "요즘은 무슨 일에든 마음속 깊은 곳에서 고맙다는 생각이 들어요."라고 말하는 지인이 있다. 지극히 평범하게 살다가 지금은 정년퇴직을 앞둔 남편과 평화로운 나날을 보내고 있다. 그녀는 "나도 남편도 아직까지 건강하고, 아픈 곳이 하나도 없는걸요. 감사한 일이지요."라고 말한다.

날씨가 맑은 날에는 '화창한 날씨, 고마워' 햇살이 따사로운 날에는 '햇살이 따뜻해. 참 고맙네' 바람이 불면 '아, 시원해서 기분이 좋아. 고맙기도 하지'라고 생각한단다.

이처럼 **주변에서 일어나는 일 하나하나에도 얼마든지 감사할 수 있다.** 그런 사람을 나는 '감사의 달인'이라고 부른다. 감사의 달인이 되면 무엇보다 스스로가 행복하다. 그리고 주변 사람에게 '감사합니다'라고 자주 표현하기 때문에 그 말을 들은 사람도 더불어 행복해진다.

나는 나이가 들수록 내가 지금까지 잘 살아올 수 있었던 이유는 다른 사람의 도움이 있었기 때문이라는 사실을 절실히 느낀다. 또 이런 마음을 자주 표현하려고 노력한다.

6장 바로 지금부터 행복해지는 방법

아무리 작은 일에도 '고마워'를 잊지 않는다. 오늘 하루 나에게 힘이 된 한 그릇의 쌀밥에도, 여느 때와 같이 오늘도 무사히 지낼 수 있었던 사실에도 고맙다는 생각을 하는 것이다.

'고마워'라는 말을 많이 하면 할수록 인생이 더 행복해진다고 나는 믿는다.

운명을
편안하게 받아들이자

일본의 배우 다카오카 쇼코는 102세까지 은퇴하지 않고 현역에서 활동했다. 배우 활동의 마지막 몇 년 동안에는 문학작품 낭독에 전념했다. 특히 고향인 이와테 지방의 사투리로 동화작가이자 시인인 미야자와 겐지의 시나 소설을 자주 읽었는데 많은 사람들에게 깊은 인상을 남겼다.

이렇게 노후에도 삶을 즐기는 사람들을 볼 때마다 '산다는 것은 얼마나 멋진 일인가!'하고 생각한다. 그리고 **나에게도 아직 멋진 인생을 추구할 시간이 충분히 남아 있다는 사실에 가슴이 벅차다.**

다카오카가 말년에 자주 낭독했던 시를 한 편 소개한다.

이 세상에서 최상의 행위는 무엇일까.
즐거운 마음으로 나이를 먹고
일하고 싶지만 쉬고
말하고 싶지만 침묵하고
실망의 기미가 보일 때 희망을 갖고
순순히 그리고 평화롭게 자신의 십자가를 진다.

젊은이가 힘차게 신의 길을 가더라도 시기하지 않고
남을 위해 일하기보다도 겸허하게 남의 도움을 받고
약해져서 더 이상 남에게 도움이 되지 않더라도
친절하고 온화하게.

늙은이의 무거운 짐은 신이 주신 선물
낡은 마음을 이제 마지막으로 닦아야지.
비로소 진정한 고향으로 돌아가기 위해.
이 내 몸을 이 세상과 이어주는 사슬을 차차 풀어가는 것은
정말로 장한 일.
그러다가 아무것도 할 수 없게 되더라도
그것을 겸허하게 받아들이자.

신은 최후에 가장 좋은 일을 남겨주신다.

그것은 기도.
손은 아무것도 할 수 없지만
최후까지 합장만은 할 수 있다.
사랑하는 모든 사람을 위해 신의 은총을 구하기 위해.

모든 것을 마쳤으면
생의 마지막에 신의 음성을 듣겠지.
'오너라, 나의 친구여, 나 그대를 버리지 않으리니'라고.

-〈최상의 행위〉

이 시는 도쿄 성이그나티우스 성당의 사목을 맡았던 신부 헤르만 호이벨스가 《인생의 가을에》라는 책에서 '남독일에서 한 친구에게 이런 시를 받았다'며 소개한 글이다.

나는 의사라는 직업 특성상 삶과 죽음의 경계에 선 사람들을 가까이에서 대한다. 어제는 멀쩡하던 사람이 갑작스러운 사고로 인생을 마감하기도 하고, 좀처럼 회복의 기미가 없던 암 말기 환자가 기적처럼 소생하는 모습도 보았다. 인간의 상식으로 잘 설명되지 않는 일들을 접할 때마다 눈에 보이지 않는 어떤 존재의 힘을 문득 느낄 때가 있다.

앞서 소개한 시에서 특히 마음에 와닿았던 부분은 '늙은이의 무거운 짐은 신이 주신 선물'이라는 구절이다. 노후의 '짐'

을 오히려 신의 '선물'이라고 표현한 점이 참 인상 깊었다.

지금까지 살면서 결코 즐거운 일, 행복한 일만 있지는 않았을 것이다. 그렇기 때문에 위대한 존재는 인생의 최후에 노후라는 최고로 아름답고, 행복한 나날을 선사해준 것은 아닐까?

노후에는 오로지 즐기며 살자. 노후에도 즐기며 살 수 없다면 무엇 때문에 젊은 날을 견뎌왔겠는가?

물론 나이가 들어도 무거운 짐을 지어야 하는 날이 있을지 모른다. 하지만 운명을 편안하게 받아들이고 하루하루를 소중히 여기며 살아가면 되지 않을까?

이러한 태도라면 인생은 틀림없이 언제 어디서나 '행복' 그 자체일 것이다.

엔딩노트

Ending Note

1. 인적 사항

이름			성별	
생년월일			혈액형	
긴급 연락처	이름		연락처	
	이름		연락처	
	이름		연락처	
	이름		연락처	

2. 나의 건강 상태

병력		이용하는 병원	
		복용하는 약	
병력		이용하는 병원	
		복용하는 약	
병력		이용하는 병원	
		복용하는 약	
병력		이용하는 병원	
		복용하는 약	
병력		이용하는 병원	
		복용하는 약	
메모			

3. 인생을 돌아보며

• 가장 행복했던 기억

• 가장 슬펐던 기억

• 기억에 남는 사람과 그 이유

- 고마운 사람에게 남기는 마지막 메시지

4. 소유 재산 및 부채

현금	
예금	
보험	
자동차	
부동산	
부채	
기타	

5. 만일의 경우를 대비한 나의 요구·희망 사항

무의미한 연명 치료 거절 여부

생명유지장치(제세동기, 인공호흡기 등)
□ 원합니다(적용 시기:) □ 원하지 않습니다

통증조절 조치
□ 원합니다(적용 시기:) □ 원하지 않습니다

인위적인 영양 공급(위나 장으로 삽입한 튜브, 혈관을 통한 영양 공급)
□ 원합니다(적용 시기:) □ 원하지 않습니다

기타 요구·희망 사항

* 위의 양식은 약식이므로 국립연명의료관리기관(lst.go.kr)에서 더 자세한 내용을 참고할 수 있다.

6. 임종 절차에 대한
나의 요구·희망 사항

임종 장소	☐ 집 ☐ 병원 ☐ 종교시설 ☐ 기타( )
임종 임박 시 긴급 연락처	1. 2. 3.
영정 사진	
장기 기증 의사	☐ 기증 의사가 있습니다 ☐ 기증 의사가 없습니다
기타 요구 · 희망 사항	

7. 장례 절차에 대한 나의 요구 · 희망 사항

장례 의식	☐ 불교 ☐ 개신교 ☐ 가톨릭 ☐기타( )
장례 방법	☐ 매장 ☐ 화장 ☐ 자연장 ☐기타( )
장례 시 긴급 연락처	1. 2. 3.
기타 요구 · 희망 사항	

단단하지만 홀가분하게 중년 이후를 준비한다

나이 듦의 기술

초판 1쇄　　2019년 1월 2일

지은이　　　호사카 다카시
옮긴이　　　황혜숙
발행인　　　유철상
편집　　　　김유진, 이유나, 이정은, 남영란
디자인　　　주인지, 조정은, 조연경, 이혜수
마케팅　　　조종삼, 최민아

펴낸곳　　　상상출판
출판등록　　2009년 9월 22일(제305-2010-02호)
주소　　　　서울시 동대문구 정릉천로 58, 103동 206호(용두동, 롯데캐슬피렌체)
전화　　　　02-963-9891
팩스　　　　02-963-9892
전자우편　　cs@esangsang.co.kr
홈페이지　　www.esangsang.co.kr
블로그　　　blog.naver.com/sangsang_pub
인쇄　　　　다라니

ISBN 979-11-87795-29-2(03320)
©2019 Takashi Hosaka